U0713463

逆向领导力

沃顿商学院力荐的领导力课程

［美］比尔·特雷热（Bill Treasurer）◎著
信任◎译

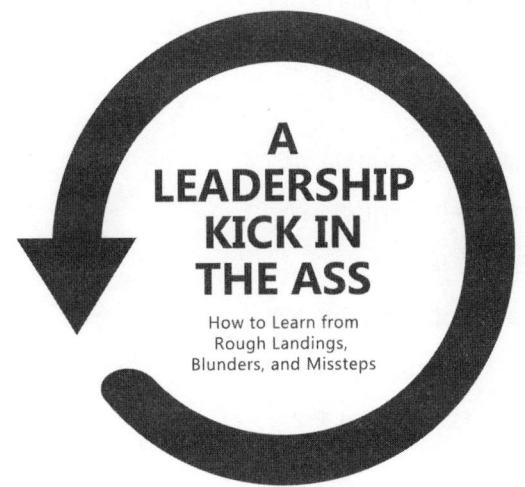

中国友谊出版公司

图书在版编目（CIP）数据

逆向领导力 /（美）比尔·特雷热著；信任译. --
北京：中国友谊出版公司, 2018.7
书名原文: A Leadership Kick in the Ass
ISBN 978-7-5057-4314-4

Ⅰ. ①逆… Ⅱ. ①比… ②信… Ⅲ. ①领导学 Ⅳ.
①C933

中国版本图书馆 CIP 数据核字（2018）第 048059 号

A Leadership Kick in the Ass
Copyright Ⓒ by Bill Treasurer
Copyright licensed by Berrett-Koehler Publishers
arranged with Andrew Nurnberg Associates International Limited

书名	逆向领导力
作者	［美］比尔·特雷热
译者	信　任
出版	中国友谊出版公司
发行	中国友谊出版公司
经销	新华书店
印刷	天津中印联印务有限公司
规格	710×1000 毫米　16 开 13 印张　180 千字
版次	2018 年 7 月第 1 版
印次	2018 年 7 月第 1 次印刷
书号	ISBN 978-7-5057-4314-4
定价	49.00 元
地址	北京市朝阳区西坝河南里 17 号楼
邮编	100028
电话	（010）64668676

赞　誉

比尔·特雷热提供了一些关于领导者如何从失败、拒绝和难堪中恢复的窍门，并使之听起来很有趣。如果你身为领导者曾被严厉指责，这本书对你来说可能是一剂良药。

——亚当·格兰特

沃顿商学院教授，纽约时报畅销书《离经叛道》（*Originals and Give and Take*）作者

可能是这本书的标题吸引了你的注意，但它的核心主题——人类的自我——才是深得我心之处。通过坦率幽默的表达，比尔·特雷热解析了这种领导力特质，我称之为"有效重定向"。这本书不仅仅是一本有趣的书，它对各个层级的领导者都起到了警示作用。

——肯·布兰佳

《一分钟经理人（新版）》（*The New One Minute Manager*）作者

失败也许并不有趣,但特雷热以他丰富的商界经验证明,与无尽的胜利相比,你可以从一次失败中学到更多。《逆向领导力》可以让你振奋自我,寻找问题所在,然后继续前进,成为更智慧更强壮的领导者。

——马歇尔·戈德史密斯

全球高级领导者教练

从本质上来说,《逆向领导力》涉及两种人性的美德:勇气和谦虚。同时提醒我们,这两种品质是不可分割的。比尔·特雷热向我们展示了,敞开心扉接受他人的诚实反馈需要很大的勇气,而这种开放会让你变得更加脚踏实地、更有自我意识、更有信心、更有爱心。有时,比尔会表现得无礼又难搞,但他总是对领导者所面临的艰难挑战充满关怀和尊重。比尔并不是简单地进行评论,每一步,他都提供了简单而又深刻实用的建议,告诉你怎样才能领导出最好的自己。通过个人经历和领导力教练经验,比尔揭示了领导力的转变力量。这是你今年你能读到的最独特、最有价值的书之一,我强烈推荐这本书。

——吉姆·库泽斯

畅销书作家，圣克拉拉大学高管发展中心前主任，"美国最佳经理人教育者"之一

比尔巧妙地讲述出一个严酷的事实，那就是，领导者需要通过混乱和失败吸取经验教训。比尔为读者提供尖锐的案例的同时进行深度解读，帮助读者抓住学习的机会，这使得本书成为一本伟大的读物。

——马克·布拉希尔

约翰瓦维托斯首席执行官

20多年来，比尔·特雷热与来自各国领导者的合作经历，为我们带来了这本领导者必读之书。比尔让身为领导者的我们看到了自身的所有问题，这是发人深思且必要的。尽管有时很难，但如果我们想成为最优秀的领导者，就必须面对现实。比尔的见解、榜样和行动计划将帮助所有勇于提高自己的领导者。

——杰夫·海斯

CPP公司总裁兼首席执行官

比尔抛出一个棘手的话题，并激励我们在阅读中寻找自身的缺点与不足。他大胆对我们发起挑战，希望我们成为更好的领导者！比尔鼓励我们成为最优秀的领导者，并在引人入胜的故事中添加了适量的建议。

——伊莱恩·碧柯

《傻瓜系列教材：训练和发展》（*Training and Development for Dummies*）作者

这本书中不仅传达了强烈的信息，还有有趣的故事，以及精妙的课程，可以让我们努力成为更加真实的自己。本书无疑会给读者带来巨大收获。

——克里斯蒂·马赛林

巴尔的摩职业发展中心负责人

领导者也会犯错误。他们从这些错误中学习，拥有更多勇气和谦虚。在过去的十多年里，比尔·特雷热以他坦率、大胆的训练方式塑造着未来的领导者。本书照亮了通往自信、勇气的道路。我强烈推荐本书。

——马修·沃尔什

沃尔什集团董事会副主席

比尔·特雷热提醒我们，每个领导者都有自身缺点，同样每个领导者都可以改进、学习，做出不同的选择。他不会让他的读者成为陈腐变味的领导者。本书风格是温暖而尖锐的，这是促进读者成长的最佳组合。

——贝弗利·凯

职场系统国际公司创始人兼董事长

比尔·特雷热为身处于不同阶段的经理人们提供了可靠的工具与工作流程，帮助他们在失意中成长。如果你真的想提高自己的领导能力，那本书不容错过。

——卡琳·赫特

《赢得漂亮》（*Winning Well*）合著者

人生中最大的教训不是来自成功，而是来自我们的错误与挫折。这本书将帮助你把它们变成无价的课程，总有一天你会对它们教给你的一切心存感激。对想成为真正杰出领导者的人来说，这是一种宝贵的资源。

——玛姬·沃瑞尔

畅销书《停止打安全牌》（*Stop Playing Safe*）作者

这是一本实用的书；如果你在领导上没有犯过大错，你很可能根本没有领导。这本书将帮助你了解一些领导错误的原因，更重要的是帮助你从中学习。这也是一本发人深省的书，它有助于揭示自信与谦虚之间的平衡——这种平衡十分重要。是时候开始阅读了。

——凯文·艾肯伯里

畅销书《卓越领导》（*Remarkable Leadership*）作者

通过一系列幽默坦诚的案例，比尔·特雷热为领导者们提供了宝贵的指导意见。本书证明了失败有时是通往成功之路的最重要课程。无论你是刚开始创业，还是一名执行主管，对任何想要成为领导者的人来说，领导力都是至关重要的。

——皮埃尔·瑙安德

nCino 首席执行官

比尔的书可以帮助你重新审视人生路上的失败，并在此基础上帮助你增强自信与谦虚。最重要的是，你能够从你领导的手下那里获得最佳工作成果。

——康纳·尼尔

教授，IESE 商学院教授，以及企业家组织前地区负责人与《勇敢去工作》(Courage Goes to Work)一样,比尔·特雷热再次将模糊的概念清晰呈现在我们面前。在他的最新著作中,他提出了"自信与谦虚",这是杰出领导者们一直所需的动态张力组合。他从领导者的错误、建议指导、深刻反思几个角度出发,为读者们提供了实用的见解。这是一本主题严肃的书籍,可以让读者在阅读中得到震撼。

——茱莉亚·厄本查克

易趣全球人才和组织发展部高级主管

前　言

身为一名美国职业棒球大联盟的教练，我知道有两种类型的领导者：一种是谦逊型，另一种是自我中心型。领导面对的问题不是你是否会遭遇逆境，而是什么时候遭遇困境。困境是使领导变得困难的原因。但面对困境，并帮助他人面对它，这才是领导力的关键所在。

在这里，我要告诉那些正在经历困境的领导者们：欢迎加入现实俱乐部！当你第一次失败或让他人失望时，这是一个开始，一个通过仪式。现在你可以不再假装自己是完美的，或者比自己的追随者要强；你可以从自己的方式出发，开始真心实意地为他人服务。领导者的谦逊，有时会让你的自我被踢出局。

我有点固执，紧紧抓住自我太长时间。在我放下自尊之前，人生不得不给了我连续打击，才让我注意到从失败中吸取教训的重要性。我曾作为一名球员、教练和经理参加世界职业棒球大赛，但每次都铩羽而归。我被招进大联盟，却被未成年人替换。我曾因参加12步康复计划（将近20年）上过《体育画报》（*Sports Illustrated*）封面。就像我告诉我的球员那样，你做错了什么，我做得更糟，而且还做过两次。

我所经历的艰难时刻激励了我。它们告诉我，世界上的渺小是人们对自己的禁锢。身为一名领导者，你必须驯服你的自我，以免他伤害其他人。我知道，失败是一件事，而不是一个人。作为领导者，你不能让失败来定义你，但你应该让它来帮助你塑造自己和领导方式。最重要的是，我知道我并没有所有问题的答案。当你经历困难时，试图独自一人闯过难关是很愚蠢的。如果我们肯去寻找，总有一些人愿意帮助我们。和其他所有人一样，领导者也需要导师、教练和其他领导者的帮助。为别人提供帮助，特别是当他们经历困难的时候，这也是领导者的工作。如果你经历过一些困难，这段经验对你的工作更有帮助。

作为一名棒球教练，我的工作是帮助团队中的每一个人以及整个团队，让他们每天都更好一点儿。棒球是一种非输即赢的游戏。从季前赛到整个赛季,所有的训练、调整和心理准备,都集中在一个目标上:得到比失败更多的胜利。如果每个人都集中精力,每天提高千分之一的水平,那么我们将获得更多的胜利。每天都努力做得更好一些,即使事情没有按照我们预期的方向发展,至少我们会有所进步。

我最喜欢这本书的一点是,通过从失败中学习,你能够获得更多更大的胜利。失败能给你很好的教训,从中学到的小窍门很直接也很实用。这本书的主旨很重要:好的领导者需要自信和谦虚。如果你愿意学习,"踢你屁股一脚"将会为你带来这两种品质,你会成为更好的领导者。

我被那些强大却并不令人心生畏惧的领导者们所吸引。他们把时间、精力和经验给了我,帮助我变得更好。他们教会了我无条件尊重的价值,虽然这样做很难。我必须尊重裁判,即使我不同意他们的判罚;我必须尊重球迷,即使他们对我大喊大叫;我必须尊重媒体,即使他们写的是我的坏话;我必须尊重棒球比赛,虽然他们经常扔给我讨厌的曲球。现在,我会告诉我的球员们:"尊重一切,不要害怕。每一件事都很重要,每件事每个人都值得我们的重视。"有趣的是,你对周围的人给予的尊重越多，你对自己的尊重就越多。不管是好的境遇还是坏的境遇，你都会成为一个更好、更自信的领导者，以谦虚和感激的态度为他人服务。

爱你的，

克林特·赫德尔

匹兹堡海盗队经理

目录 CONTENTS

序 __ 001

引言 __ 009

Part 1
如何走出管理者的"舒适区"

第一章　从改变对自己的认知开始 __ 005
第二章　剖析领导力困境 __ 021

Part 2
如何应对不同领导阶段的困境

第三章　新手领导者：激情以外的压力与焦虑 __ 043
第四章　中层领导者：多重角色下的挑战 __ 059
第五章　高层领导者：巅峰带来的职业倦怠 __ 075

Part 3
如何成为更好的领导者

第六章　领导者需要避免成为的两种类型 __ 091
第七章　领导者必备的两种品质 __ 107
第八章　领导者需要扮演的三种角色 __ 117

Part 4
如何保持良好的领导力

第九章　重新定义自己的领导力 __ 135
第十章　实践正向领导力 __ 145

鸣　谢 _ 163
关于作者 _ 167

序

写这本书的兴趣始于 25 年前,那时我意识到我的领导工作做得很糟糕。我是一个旅行的吉卜赛人,在北美的游乐园里,把自己从 100 英尺高①的塔楼扔进下面的小水池中。那时我刚成为该游乐园高台跳水队的队长,负责领导一群年轻、有抱负的运动员,确保他们始终保持在最佳状态。这是我的第一个领导角色,我认为我是一个很好的领导者,因为团队表现得很好,而且,我被选为队长的事实足以证明一切。

每一天,我和我的队友都会为游乐园的顾客举办一场激动人心的空中表演。我们从三米跳板上开始表演奥林匹克式跳水。接下来,我们会表演一个喜剧节目,一位观众(实际上是跳水运动员,我们安插在观众中的)向我们的一个队友发起挑战,两人进行跳水比赛。在那之后,我们会用各种滑稽的

---

① 30.48 米。——译者注

花式跳水方式取悦观众。节目的高潮是一位跳水员登上100英尺的塔楼，纵身下跃，跳入下面的小水池中。

那时，我们年轻气盛，而我是其中最自负的一个。

有一天，我觉得表演得很糟糕。在客人们走后，我开始向队友们咆哮："这场演出真是一场灾难，你们管这个叫跳水吗？如果你们总是这样，我可不敢继续与公园续签合约。"

另一件事让我很心烦。一位跳水运动员将墨镜落在了舞台上，教导我的队长们绝不会容忍这样的行为。"还有一件事，是哪个笨蛋把该死的墨镜落在舞台上，让所有人都能看到？"

一片沉默。

"听好了，下一场演出必须是我们最好的演出，否则我就会精简团队。我不会让你们这样继续为难我。"

那时我认为我是在教导他们，我觉得"给他们的屁股迅速地踢上一脚"能让他们做得更好。

团队解散后，史蒂夫——一位跳水员留在了最后。史蒂夫比我大，当我对团队发火时，他似乎并不太在意。等到其他人都走远后，史蒂夫对我说："听着，特雷热，如果你再继续这样跟我们说话，我就会离开。我不会让你像对待垃圾一样对待我们。"我立刻进入防御姿态：他以为自己是谁，可以这么跟我说话？我想，如果让他支配我，其他人就会认为我很软弱：

"我是老板,而你不是。我会以你们应得的方式对待你们。如果你们希望我停止叫喊,那就按照我期待的方式去赚钱。"

史蒂夫摇了摇头,好像我失去了什么东西一样:"听着,伙计,你有一个比我落下墨镜更大的问题。如果你一直让别人害怕你,就没人会为你工作。你领导得太糟了。"

甘地曾经说过:"真理只会伤害他人。"史蒂夫的严厉批评深深刺痛了我,因为我知道他说的是对的。我不是一个好领导者,我只是个混蛋,我烂透了。事实是,我不知道自己在做什么,不知道那个身为领导者的我是谁。我能做得最好的方式,就是模仿我见到过的队长、其他老板,以及我父亲的领导风格。我的领导方式主要是建立在我父亲的高压和纪律约束风格上。这意味着,我并不是我,我是他。

领导变革常常需要一个巨大打击来激发,史蒂夫的话语是我所需的,也是我应得的。我被彻底羞辱了。在平复难堪之后,我开始努力成为一名更好的领导者。我开始阅读有关领导力的书籍,观察我所钦佩的领导者们,尝试不同的领导方式,密切关注跳水员的需求和反应。我知道,尊重是不能被强迫或命令的,它必须通过每一次接触来获得。我越对领导力进行探索,越专注于赢得团队的尊重,就越擅长领导。最终,我决定去读研究生,我的论文是关于领导风格和工作效率之间的关系。

羞辱的力量是强大的、重要的、决定性的。被羞辱的经历对领导力的发展具有巨大价值。通过羞辱可以获得谦虚，而谦虚对领导力至关重要。

我是如何成长的

在离开跳水队后的 20 年里，我一直是领导力发展的实践者。我的职业工作包括与资深或新兴领导者合作，设计、提供全面的领导力发展项目（通常是多年项目），与高管进行一对一的培训指导，进行领导力演讲，以及撰写领导力相关的书籍。在过去的 20 年里，我有幸以一名领导者的身份进行每天的工作。

我非常尊敬那些在各高校学习领导力的领导者，在工作中我常常从他们那里学到各种知识，他们的研究为领导力的发展与实践做出了宝贵的贡献。我不是领导力学者，我只是一个领导力的"水管工"。我没有在大学的教室里学习过领导力，而是每天到工作地点，卷起袖子，直接和领导们一起工作，去除掉那些可能会堵住他们领导力管道的头发和毛团。工作并不总是漂亮的。

在接下来的几页里,我将和你分享来自我日常工作的案例和见解,没有任何研究统计或学术理论。这些课程将从最古老的研究形式中汲取经验:个人经验。本书内容直接来自于我的工作,我与世界各地成千上万的领导者所做的工作。本书有一个特别的主题,那就是:最伟大的领导力课程,以及你独特的个人领导力发展,都来源于错误、难堪和羞辱。最持久、最具变革性的领导力课程,总是来源于碰一鼻子灰(kick in the ass)①。我在与领导者的合作中,一次又一次地听到关于转型变革的痛苦故事。看看下面几个例子:

- 在三个月的时间里,一名中层经理的两位下属接连辞职。人力资源经理告诉这位中层经理,在离职面谈中,每个人都说他就是他们离职的原因。哎哟!
- 一位部门主管非常沮丧,因为她没有被晋升为副总裁,她认为她有足够的资格胜任这个职位。最后,首席执行官告诉她原因:其他副总裁们认为她不合作、做事充满争议。他们只是不喜欢和她一起工作。哎哟!

---

① kick in the ass,字面意思为踢屁股,实际是美国俚语,作名词,意为:(遭到意外的拒绝)碰钉子、碰一鼻子灰,吃闭门羹;强烈的刺激或推动,鞭策等。——译者注

- 一位热门的新晋领导者刚刚通过第一份360度反馈评估，当读到别人认为他"傲慢"和"令人讨厌"时，他震惊了。哎哟！

- 一位资深高级合伙人负责进行合伙人管理。在采访了她的前雇员之后，评选委员会决定不给她升职，因为她"缺乏忠诚"，并没有"关注下属的成长"。哎哟！

- 一位项目经理突然醒悟，自己对工作的迷恋是病态的。因为她在分娩两个小时后就主持了一场团队电话会议。哎哟！

- 在过去的十年里，一位高级领导者持续为一名下属提供支持，他认为这名下属是值得信赖的，是他的最佳继任者。可惜，这位以出色的人品判断而自豪的领导人，震惊地发现，这位"值得信赖的"下属一直与行政助理背地里合作经营一项副业，这位行政助理恰巧也是其外遇对象……哎哟！哎哟！

这种种意外的失败状况将会为你带来震惊的体验（通常是以难堪或者羞辱的形式），会对你的领导力发展产生巨大影响。

从坏到好

关于领导力一项不可言说的事实是,优秀领导者几乎总是以坏的领导方式开始。对大多数领导者来说,这条路不是从好到更好,而是从明显的坏到震惊的好。领导不是件容易事,你会犯很多错误,做出许多糟糕的决定,犯下许多政治忌讳,并遭受到许多背地里的打击。你会通过做错事来学习如何做正确的事情。最终,如果你能够从困境中学习,你就会获取更多智慧,并为你的领导带来巨大价值。

成为更好的领导者

我从来没有忘记我对领导主题感兴趣这个事实,因为我是一个非常成功的领导者。今天,我十分感激史蒂夫多年前对我的"大我"的伤害。这种心理上的冲击带给我全新的职业生涯,并最终导致了这本书出现。正是这种激励促使我成为一名更好的领导者。虽然我不能声称自己是谦逊的(这样做似乎一点也不谦逊），但我不像以前那么傲慢了，我对我自己的状态也十分满意。如果你愿意，困境可以让你的领导风格变得更加真实、踏实、有效。如果你一直坚持从失败的经历中学习，你就会成为一名更强大、更自信的领导者。没错，羞辱可以成为发展真正自信的大门，优秀的领导力往往始于突然被踢的那一脚。

引　言

好的判断来源于经验，经验来源于坏的判断。

——马克·吐温

在某一时间，每位领导者都会发现一个可怕的事实：自己的领导方法充满了大量、严重的错误。此时，他们有两个选择：学习并成长为更好的领导者，或者无视这些问题，以无知者无畏的姿态继续下去。所有称职领导者都会被现实狠狠踢上一脚——当然我是说精神上的，这是领导生涯中不可避免而又至关重要的一环。如果选择从经验中吸取教训、学习成长，你先要搞清楚现在自己是什么样的领导者，并明确自己的成长目标。在此过程中，你会遇到让你难堪的窘迫之事，体会到不确定感带来的惶恐与不安。就像著名心理学大师荣格所说："没有痛苦，就没有意识的唤醒。"

当然，也有些领导者拒绝接受外界的"苛责"，不顾手下人的反馈甚至抱怨，坚持将自己的"正确领导方式"贯彻到底。现实给他们的教训，对他们来说仅仅是无礼的侮辱，而不是宝贵的经验。这种行为在避开心理不适的同时，也造就了自以为是、刚愎自用和领导力上的极度自恋。拒绝接受现实、拒绝学习成长，就好像努力将充满气的气球压在水底一样，最终只会导致失败。不管领导者多么努力地否定那些违背其自我认知的现实，但结果是不变的。那些被十几家公司炒掉依旧死不悔改、拒绝学习和改变的领导者，等待他们的只有空无一人的退休欢送会。

领导者是否能够妥善应对现实的教训，对他们的未来工作效率、影响力，以及是否能够成为一名合格领导者，都会产生巨大影响。实际上，这一个教训很可能成为他们职业生涯的转折点。被自己创立的公司解雇，在大庭广众之下被狠狠踢了一脚之后，史蒂夫·乔布斯说："被苹果公司炒掉，是我一生中遇到的最好的事情。"

自信和谦逊

我们最钦慕的那些优秀领导者，他们不仅自信，对自己十分满意，还能帮助我们也达到这种状态。最优秀的领导者们是团队的中心所在，他们脚踏实地，所做之事对团队来说只好不坏。他们进行领导，不是为了获得更多权力和力量，而是为了增长我们的实力和力量。通过自己最大的付出，他们能够激发出我们内在最优秀的一面。最优秀的领导者是自信的、谦逊的，并且能够在二者间取得平衡。这本书的目的，就是帮助你成长为更优秀的领导者，不管面临怎样的逆境，都能以自信和谦逊的姿态进行领导。不同于以往，现代社会需要更多这样自信和谦逊的领导者。

这本书的大部分都是围绕着自信、谦逊，以及二者间的平衡展开。此三者如同一胞兄弟，相伴相生，永不分离。对领导来说，此三者都具有重要作用，任意之一的缺失，都会对另外二者造成致命影响。过多的自信会导致工作步伐过大，脱离现实基础，进而导致失败。过多的谦逊则会导致羞怯、软弱，以及领导力上的无能。我们希望领导者们能够同时表现出自信和谦逊，但都保持在合理范围内。一旦此二者失去了平衡，其领导行为的合理需求将会成为领导力失调的牺牲品。

平衡的领导力

领导力是否运行良好,要看其自信和谦逊是否平衡。如果领导者过分强调某一点,那我们则视其领导力功能失调。最优秀的领导者们对自己的定位和目标了解得很清楚,他们谦和有礼貌,从不狂妄自大。

最优秀的领导者们是团队的中心所在,他们脚踏实地,所做之事对团队来说只好不坏。他们进行领导,不是为了获得更多的权力和力量,而是为了增长我们的实力和力量。

当自信脱离谦逊的限制时,傲慢自大就会随之而来。自大的领导力是自私的领导力,傲慢自大的领导者会固执己见。缺少了谦逊的调解,自信慢慢滑向自负和自我中心,令领导者失去了领导的目的:提高、改善被领导者的境遇。如无法按其方式进行领导,自大领导者就会变得焦躁易怒,充满攻击性。

如果说自信减去谦逊等于自大的话,那么谦逊减去自信就等于软弱。软弱的领导者无能且低效,他们缺少主心骨与影响力，会将优势拱手让出。在极端情况下，软弱的领导者对团队来说毫无用处。他们无法完成工作计划，无法推动变化的发生，无法对团队与外界产生任何影响。没有什么比软弱无力的领导者更让人气馁的了。毕竟，没人愿意被一个软蛋领导。

觉醒

自大与软弱最终会迎来相同的结果，那就是：对领导者的当头棒喝。身为领导者，屁股被狠狠地踹了一脚，震惊与羞愧是必然反应。但是这全都是领导者自作自受。这是领导力过于强势或过于软弱带来的必然结果。领导者们的最终成长、发展，取决于他们此刻的应对方式。本书将会为你提供实用性指导，确保你能够从屁股的每一次疼痛中获益。本书会通过对自信与谦逊以及其他重要领导力概念（如自尊、自私、心理弹性等）的探索，帮助你成为一名更称职的领导者。退一万步讲，本书至少能帮你将领导力问题导致的负面影响降至最低。

撕开领导力的外衣

需要事先声明的是，我无意粉饰领导力。我的工作经验告诉我，让失控的领导力回归正轨，是一件极其困难的事情。由于种种原因（后面我们会说到），领导他人是非常、非常困难的。市面上浩如烟海的领导力书籍，就是领导力真实困难程度的佐证。如果领导是件容易事，那么新进领导者们也不会对领导力知识如饥似渴了。我无意美化领导力，相反，我要把它扒个精光，为读者们提供坚实可靠、以事实为基础的领导力视角。与其他领导力书籍不同的是，这本书将会告诉你：

- 对领导力来说，做错比做对容易得多
- 对领导者来说，最大的敌人就是自己
- 最深刻的领导力课程，来源于领导过程中受到的羞辱
- 并不是每个人天生都可以进行领导，但是可以增加领导力的影响
- 为了最高效地成长，领导者们需要自信与谦逊，二者缺一不可，否则将会导致领导上的灾难

这或许不是你读的第一本领导力书籍了，当然这也不是我写的第一本。但我希望，这本书能够带你走出困顿与疑惑。如果本书对你的领导力没有起到任何影响，就是我的失职。但如果我只跟你讲些陈词滥调，说些无关痛痒的溢美之词，你自然不会有任何变化——你需要的不是毫无意义的心灵鸡汤。请注意，本书要对你做的，是当头棒喝，是挑衅激怒，是一个接一个的挑战。如果你能够承受这一切，那么在每章的最后，我会给你的屁股上轻轻来上一脚，将这些内容印在你的脑中，以便你的领导力成长。

恰当的一脚能够带来丰厚的回报，本书中有不少这样的小故事散落在各个章节。我希望这些小故事能够启发你，为你带来丰厚的回报。

通俗易懂

为本书取名费了我不少时间。出版商和我本想用一些大众的、柔和的词汇。但最后我们还是决定用这句话。你问为什么？当然是因为这就是事实啊：很多时候，你会发现局面令你困惑、尴尬不已，就好像别人瞄准你的屁股踢了一脚。我打赌，你听过"我屁股挨了一脚"（kicking my ass）这样表达沮丧的方式。或许你自己没有说过，但其他人肯定有。不过请放心，我保证不会像纽约码头的工人那样让这句话在书中满天飞。

虽然本书名字是句粗话（本书原名为 A Leadership Kick in the Ass），但是却有着强力的积极内涵。当你说你想给某人屁股来上一脚时，这会鼓励变化的发生，帮助其成长，督促其专注于职责。这是一个积极的、推动个人和团队前行的好的开始。

最后，用我 80 岁老母亲的话讲："比尔，诚实地说，'屁股'根本不算是什么粗话。"

没人愿意被一个软蛋领导。

你被失败羞辱的那一次

如果你还记得最近一次挨的那一脚，那么你能从本书中学到更多。换句话说，如果你是一名刚刚被困境或失败狠狠羞辱了一番的领导者，那么本书对你再合适不过。你能够从本书中获益颇多，如果你是：

➤一名领导层新人

➤一名刚刚进入新职位或晋升到更高职位的资深领导者

➤一名领导力发展课程学员

➤一名将要或正在进行360度反馈评估的领导者

➤一名刚刚因为信任危机或能力质疑而离职的高管

➤一名因巨量领导工作和困惑而灰心丧气的资深领导者

本书框架

章节	你的收获	关键知识点
前言	为什么本书制作了25年	➤最棒的领导力课程来源于那些震惊时刻 ➤谦逊（Humility）是耻辱（Humiliation）带来的收获
引言	这本书讲的是什么，为什么说现在是剥下领导力虚伪的外衣、展示领导力真实一面的最佳时刻	➤如何应对你的羞辱一刻，是别人判断你是个好领导还是无能领导的依据
第一部分：如何走出管理者的"舒适区" 强调"耻辱的转变"的重要性，探讨最常见的挨踢原因		

章节	你的收获	关键知识点
第一章 从改变对自己的认知开始	为什么说你对刺激的反应决定了你能从中学到什么	➢ 自我探索需要勇气 ➢ 踢击为黑暗带来了光,这是好事
第二章 剖析领导力困境	为什么说无意识程度决定了疼痛度	➢ 踢屁股有四个阶段 ➢ 对踢屁股接受与否决定你是谦逊还是自大
第二部分:如何应对不同领导阶段的困境 描述在职业生涯不同阶段你可能会体验到的不同困境		
第三章 新手领导者:激情以外的压力与焦虑	踢屁股如何帮助新手领导者们获得经验	➢ 新手领导者们很快就要面对震惊的事实 ➢ 挨踢领导者最大转变是从自私变为无私
第四章 中层领导者:多重角色下的挑战	为什么中层领导者挨踢会更疼,以及踢击对那些想进入高层的领导者的积极影响	➢ 中层领导者通常会因为特殊类型的紧张感而感到沮丧 ➢ 中层领导的踢击包括晋升时被排除在外、失败的冲击以及职业低潮期
第五章 高层领导者:巅峰带来的职业倦怠	为什么说经验和智慧对积累踢屁股的教训有重要作用	➢ 巅峰和关门恐惧让高层大佬们感觉自己被边缘化 ➢ 整个公司都可以从高层领导者"大使"们那里获益
第三部分:如何成为更好的领导者 介绍两种注定挨踢的领导力形态:猪头型领导者和弱鸡型领导。 同时确定,自信地谦逊是领导力最高目标		
第六章 领导者需要避免成为的两种类型	傲慢和软弱是糟糕领导力的标志,以及二者是如何招致踢击的	➢ 自我尊重与自我忽视的区别

章节	你的收获	关键知识点
第七章 领导者必备的两种品质	羞辱性事件如何产生自信地谦逊，为什么说自信地谦逊是领导力最高目标	➢ 过度自信与缺乏自信都是不平衡的领导力 ➢ 拥有正确大小的自我更重要
第八章 领导者需要扮演的三种角色	自信与谦逊如何运用在以下三种领导力角色中：忠诚的反叛者，天鹅绒锤子，真实的骗子	➢ 忠诚与独立是最好的搭档 ➢ 自信与外交礼仪是最佳拍档 ➢ 有时你不得不对自己进行伪装
第四部分：如何保持良好的领导力 为你自我监督提供建议，这样你可以随时检查你的自我。		
第九章 重新定义自己的领导力	持续不断地踢自己的屁股，可以让你保持自我意识，并远离来自他人的踢击	➢ 领导力需要自我探索，自我探索则需要勇气 ➢ 只有有意识地去做不舒服的事，你才能够成长 ➢ 每位领导者都应该设立一位首席自我监察官
第十章 实践正向领导力	为什么说要成为一名优秀领导者，要先从当一名好人开始	➢ 对领导力来说，正直最重要 ➢ 好的领导者知道坚持他们的价值观 ➢ 你领导的那些人，值得你善待他们

还有谁能从本书中获益，你知道吗？是那些自认为无所不知的领导者。他们认为上述内容自己已经了然于胸，完全不需要再进行学习。换句话说，这些狂妄自大的领导者们需要给自己放放气。这些人最好换上他们的防弹内衣，做好挨上一脚的准备！

令人震惊的改变

重量级拳手迈克·泰森有一句名言:"每个人都有自己的计划,直到脸上挨了一拳。"照此来看,突如其来的一脚也一定会令人痛苦不堪。这是领导力成长的必经之路,但首先,你需要站起身,振作起来。对于身为领导者的你来说,这一脚可能会改变你的一切:它可能会触及你自信,让你产生回到非领导岗位,或者一走了之的强烈想法;当然,它也可以帮助你认清问题重点所在,发展出自己真正的领导影响力和风格。屁股挨踢的这一刻十分重要,它可以帮助你卸下虚假的领导身份,展现出你真实的领导样貌。我将这一时刻称为"耻辱的转变"(transformative humiliation),一旦转变开始,你将会对你自己以及周围人充满敬意。对你来说,"耻辱的转变"只不过是你获得真正领导力的序曲而已。

> **耻辱的转变**涉及羞辱、痛苦等经历，会导致一系列积极的行为变化。辅以恰当的引导，这些经验能够让你变得更加真实、谦逊、脚踏实地，并最终形成你特有的领导风格和方法。"耻辱的转变"是起始点，随之而来的是真正的谦逊以及积极的领导力变革。

最后，要想从本书中获益，需要你放弃自己的执拗，选择适应和改变。这意味着，你需要对自己的行为及其后果全权负责。你要对今天的自己拥有冷静的认知，并且坚信通过孜孜不倦的工作，你会成为一名更优秀的领导者。这意味着，你要听从自己内心的劝告；你要接受个人层面上的改变和挑战，放弃心中那些过时的成见。维克多·弗兰克尔曾经说过，"当我们无法改变环境时，我们就要试着改变自己"。

这本书的核心是"自主"。一旦你吸收了所有课程，你将不会再为疑虑和自我意识所束缚。你不会为他人的标准而质疑自己的领导能力。你不会继续虚张声势来掩盖你的弱点，相反，你会从谦逊中获得力量，进而赢得他人的尊重与信任。你挨的那一脚将教会你，激发员工最佳状态的唯一方法，就是先激发最佳的自己。

这一切起始于伤及你自尊的那一刻，但要想获得领导力的"自主"，你需要理解这段经历并与其抗争奋斗。这就是本书要帮助你做到的。继续阅读本书，你会发现屁股上挨的这一脚是一份真正的礼物，它会帮助你成为更真实、更高效、更满足、更自由的领导者。

激发员工最佳状态的唯一方法，就是先激发最佳的自己。

Part 1

如何走出管理者的"舒适区"

要激发个人层面的改变需要很多因素。意志力很难独自担负这项重任：糟糕的饮食、破碎的决心、无法兑现的诺言，这些都是失败的见证。此时，你需要一种强大的、破坏性的因素：精神上的巨大震撼（在精神层面给你的屁股狠狠来上一脚）。这会为你带来强烈的觉醒感（通常会伴随强烈的耻辱感），促使你进行持久性变革。与舒适相比，疼痛才是更好的老师。你问为什么？因为一旦你经历了疼痛，你就会更加努力、更加积极地进行改变，以避免经历第二次。

在本部分中，你将会了解到：

- 为什么对领导力发展来说，耻辱的转变是至关重要的
- 领导们如何通过他们的举止和行动，招致屁股上的这一脚
- 你如何应对这种痛苦，并将其转化为成长的动力
- 耻辱的转变是如何工作的，以及，为什么说耻辱的强烈

程度与你无知的程度正相关

- 下一次屁股挨踢时你该如何应对

本章的知识重点是，身为一名领导者，耻辱的经历会激发你长期、积极的变化。

第一章　从改变对自己的认知开始

> 明显的（obvious）和未察觉的（oblivious）二词如此相似，你不觉得很有意思吗？
>
> ——佚名

当我对领导者学员进行培训时，经常会邀请他们的直接下属给他们的屁股狠狠来上一脚。其中，最有效的方式之一，是对这些领导者进行360度反馈评估，即让直接下属们对其领导风格和领导表现进行评分。为获得"360度全方位"视角，评估活动会在领导者自身和领导者的老板、同僚及直接下属中同时进行。因为领导者的自我感受与真实情况有很大偏差，所以要引入更多视角对其进行评估。评估通过匿名调查方式进行，由定量数据和定性数据（开放式问题）两部分组成。通过匿名方式，下属员工没有被威胁或报复的顾虑，更能表达出自己的真实想法。当然，360度反馈评估并不完美，但在主持过数百例 360 度反馈评估后，我在这些学员身上看到了积极的领导力变化。

但你要明白，提出对自己进行 360 度反馈评估，需要很大勇气，因为反馈可能很伤人。也存在一些罕见的情况：评分者会通过评估攻击、报复领导者。但在大多数情况下，反馈是有帮助的，因为它能让领导者观察到自己的盲点。

拒不改变的领导者

现在，有请布鲁斯出场。布鲁斯是一名自负的建筑工业高级主管。他高大威猛，充满社交魅力。他将几乎所有的人际互动（与客户、承包商、下属）都视为竞争关系并力求获胜。不过，布鲁斯拥有不错的工作业绩，尤其是处理陷入困局和极其复杂的项目时；同时，他也因为留下一堆人际关系上的烂摊子而声名在外。

在布鲁斯的 360 评估反馈中，周围人被压抑的挫败感纷纷涌了出来。虽然布鲁斯几乎在每个领导力评估项目中都给了自己满分（在满分 10 分评估中给自己打 9～10 分），但其他人大多只给他 1～2 分。定性评估结果也很糟糕，布鲁斯的老板称其"脾气糟糕"以及"不理性的"。一位直接下属称其为"一根筋的笨蛋",另一位则称他"残暴"。

不出意外,布鲁斯的反应十分淡定,他对这些评论不屑一顾。他将这些反馈视为"来自平庸者的酸葡萄心态"。问题不是他,而是他们!他们是一群无法跟上工作节奏的懒鬼,只会叽叽歪歪地抱怨。如果不是他,什么都无法完成。即使铺天盖地的证据显示他必须改变,布鲁斯也依旧我行我素。"一根筋的笨蛋"真是再贴切不过的描述了。

积极改变的领导者

现在,有请德里克。与布鲁斯相同,德里克在建筑行业工作,只是就职的公司规模更大。他是一名高级项目经理,通常负责大型土木工程项目,如水处理厂和水电站大坝。德里克的360度反馈评估结果比布鲁斯的还要不留情面。对他的形容词汇包括:脾气暴躁、无法理喻、攻击性强、尖锐、苛刻、没人情味,等等。下面是评论摘录:

- 德里克善于讲话,但不善于倾听。他常常在你话讲到一半时就粗暴打断。

- 他有自我推销和自吹自擂的习惯。
- 他经常当众贬低他人。

面对这些无法辩驳的评论，德里克有些不知所措。一开始，他还有些反抗，之后就陷入了沉默。他问道："与我的公司同辈相比，我的评估结果如何？"

"并不算好。"我坦言道。

在更长时间的沉默后，德里克问道："好吧，我需要做些什么？"

"开始工作。"我回复说。

在接下来的六个月中，德里克和我每周二都聚在一起，花费90分钟来提高他的领导力。他利用自己的工作环境作为实验室，尝试不同的领导方法。他还有一些小小的家庭作业，例如思考那些给他留下积极印象或负面印象的领导者，阅读领导力文章，寻找自己想要成为的领导类型。他还订阅了一本领导力杂志，思考诸如"到底为什么，你想要领导他人？""到底是什么，赋予你领导他人的资格？"以及"到底使用什么方式，能够对你下属的人生产生积极影响？"之类的问题。对德里克来说，重点是思考得越具体越好。

随着训练课程的推进,德里克问题的原因渐渐浮出水面:他缺乏自我关怀,只有工作,没有生活。他不去健身,没有社交生活,并且充满了焦虑。此时,不难看出,为什么人们不愿意与他一起工作——他就是一个充满压力与焦虑的炸弹,不知道什么时候就会爆发。所以,我们将自我关怀(自我领导)作为第一要素继续进行课程,包括定期去健身房健身,以及每周至少两次、每次一小时不被打扰的"自我时间"。

成为一名更健康、更强壮、更高效的领导者需要脚踏实地地对你自己进行投资。即使如此,回报也不是瞬间得到的。虽然德里克在培训课程期间取得不小的进步,但他能够成长到何种地步,五年后我才能知道。

与领导力发展客户建立长期咨询关系的一个好处是,我可以与连续几代领导人合作。常常会出现这种情况:我的领导力培训的新客户,曾经是培训过的老客户的下属。我最初遇到德里克,是因为我为他们公司开发了一个为期两年的领导力培训项目,他是参与者之一。五年后,德里克的两名直属下属也参加了相同的培训项目。这二人谈到,德里克对他们来说是多么伟大的一名导师,对他们的职业生涯有着如何的积极影响,他们希望有一天能够像德里克那样领导自己。你曾经共事过的领导者客户对新一代领导者产生积极的影响,很少有其他东西能够为你带来如此的满足感。当领导者创造新一代领导者时，领导力确实至关重要。

成为一名更健康、更强壮、更高效的领导者需要脚踏实地地对你自己进行投资。

勇气

布鲁斯和德里克之所以对反馈有不同的反应，原因在于：勇气。这里说的不是那种去竞争、去战斗、去挑战高峰的勇气，而是清醒地剖析、认识自己的勇气。这是一种更加脆弱、难得的勇气；这是一种需要放弃"自己必须是正确的、完美的"这一想法，承认自己是问题主因的勇气；这是一种屈服、投降的勇气：旧方法已经失效，除非你采用新的领导方式，否则迎接你的只会是一次又一次的失败；这是一种需要你掌控自己人生的勇气。我们会在第9章中展开讨论。

布鲁斯是一名斗士。他通过独裁和控制他人获得成功，也拥有从事艰苦、复杂工作的决心。工作，对他来说永远是第一位,这也是他创造财富的方式。为什么他要关心其他人的想法?他一手打造了公司里最大、最赚钱的项目,出众的工作业绩证明他是一名优秀的领导者。从布鲁斯的角度来看,他有足够的理由拒绝接受评估结果、拒绝进行自身改变。

然而,拒绝身边人的反馈,意味着布鲁斯故意选择不去成长。如果他选择接受改变,则意味着他需要改变"一根筋的大脑",去发掘他成功的真相:他为公司赚取的财富,是建立在员工巨大痛苦之上的。的确,布鲁斯为公司赚取了大量财富,但是相应地,他让公司也付出了巨大代价,如低士气、高人员流动率、后补领导力流失等。事实对他来说非常残酷,闭上眼拒不承认显然来得更加轻松。最终,布鲁斯成了懦夫。他未能为自己的领导错误承担责任,而是去逃避改变带来的不适。拒不改变,意味着布鲁斯将对下属造成更多伤害。这就是傲慢领导必然要付出的代价。

相反,德里克走上了更为勇敢的自我发现之路。他清醒地接受现状并做出改变。他想成为一名更优秀的领导者,这意味着他必须采用新的思维方式,笨拙地试验新的领导方法。他没有像布鲁斯一样固执己见,而是选择通过提高自己来推动工作的前进。反馈评估,则是他衡量自己进步的基准。通过360度反馈评估,他从一名"坏领导"变为一名"好领导"。德里克与布鲁斯的不同之处在于，他从耻辱的评估结果中吸取教训，并积极改变自己的领导方式。对德里克来说，耻辱促进了个人转变。

片面的自我认知

近年来，关于优势领导力的书籍和文章纷纷涌现。研究表明，比起改善自己的弱点，你更善于发挥自己的天赋和才能。这种巨大的实用性造成优势领导的方法备受欢迎。优势领导力很有道理：充分发挥你的天赋和才能，就能大大增加你成功的可能性。正如伟大的心理学家亚伯拉罕·马斯洛所说："音乐家必须去创作音乐，画家必须作画，诗人必须写诗。如果他最终想达到自我和谐的状态，他就必须要成为他能够成为的那个人。"

踢屁股之所以如此痛苦（以及管用），是因为它将能量聚焦到你身上，聚焦到阻碍你正常发展、前进的那一部分，这通常是你刻意回避，甚至根本不知晓的痛点。

如果你对你的优势有十足的、确切的把握，在工作中充分发挥你的优势无疑是最好的方法。你需要针对你的长处进行整体、详细的评估，包括你对自己不足的认知。这种情况的挑战在于，人的自我认知往往是模糊的，很多人会过分夸大自己的优点、低估自己的缺点，而其他人则正相反。踢屁股之所以如此痛苦（以及管用），是因为它将能量聚焦到你身上，聚焦到阻碍你正常发展、前进的那一部分，这通常是你刻意回避，甚至根本不知晓的痛点。离开踢屁股带来的启示，你对自己优点的看法至少是不精确、不完整的。

过犹不及

优势力量是好东西，除非过了头。当超过某一特定平衡点时，优势力量的光开始制造暗影：那些在公共场合侃侃而谈的领导者，成为公众焦点之心大增；那些拥有批判性思维的领导者，对他人愈加挑剔；那些注重感情的领导者，则会在工作中过分强调主观标准。

每一名领导者都应培养自己独特的天赋与才能。然而，要想成为一名全面发展的优秀领导，你需要更进一步。领导者必须清醒地认识到，过于强大的优势力量会产生反作用。过分的权力会转变为支配与独裁，进而产生威胁、恐吓等行为；同样，自信也会慢慢沦陷为傲慢与自以为是。每位领导者都是由光与影组成的，只将注意力放在领导力中的光亮部分，注定会造成阴影的成长。

自我（ego）的首要任务是自我保护。对布鲁斯来说，他的自我对他的保护，造成了盲点：他看不到自己的优势力量已经转变为致命缺点。他为了获胜不惜一切代价，这不仅成就了他的伟大业绩，也让他失去了人心。在布鲁斯心里，承认这一切意味着从根本上否定他的成功。他的自我绝对不允许这样做。改变需要他去学习尚不具备，甚至根本没准备好去学习的技能，包括妥协、合作、放权等。要想让布鲁斯改变，你必须用更狠的劲儿给他来一脚才行。

事情的发展是，经过360度反馈评估两年后，布鲁斯被解雇了。他的下属变得更加聪明、更加老成，也更难以管理。其中一些人进入了管理层，不需要再向布鲁斯的霸道屈服。他们开始向公司高管抱怨布鲁斯的所作所为，群情激愤，公司老板再也无法坐视不理，于是将布鲁斯请出了公司。当然，在布鲁斯心里，错的是他们。

"光与影"回顾：领导团队的活动

有趣的是，那些理应激发他人潜力、引导他人做到最好的领导者，反而在这件事上备受煎熬。在组织的顶端充斥着大量难以想象的博弈，在这个寻求社会支配地位的游戏中，领导者往往试图超越、支配彼此。健康的工作关系，需要暴露彼此脆弱的一面，这在充满竞争的环境中是一个巨大的挑战。我这里有一个可以促进健康工作关系的活动，名字叫"光与影"（Sunshine and Shadows），下面是进行步骤：

- 告诉你的团队，通常我们所说的"弱点"，其实是"我们优势力量的过度生长"。
- 让一位领导者坐在会议桌最前面的"焦点位置"。其他领导者依次评论这位"焦点领导者"的优势力量及其为团队做出的贡献——这是他的"光"。
- 所有人评论完后，焦点位置领导者必须要对所有人说"谢谢大家"。如果他希望的话，可以就刚刚他人评论进行提问。

> - 接下来，就焦点位置领导者优势力量过于强大带来的"影"，每位领导者进行评论。
> - 同上，当所有领导者评论完，焦点位置领导者必须说"谢谢大家"，然后可以进行提问。他可能会（也可能不会）对他的"影"进行开脱、争辩。
> - 完成对一位领导者"光与影"的评论后，请下一位领导者进入焦点位置，继续评论。
> - 当所有领导者都完成"光与影"的评论后，让整个团队讨论：互相理解彼此的"光与影"，以及这些对团队有何价值。

关于屁股被踢，这里有一个不可忽视的事实：如果你拒绝通过它学习经验教训，那么接下来你会遭受更狠、更痛的一脚。就像老师所说："如果你不好好学习，那么你不得不重修这一课。"

从困境中获益

你怎么看待布鲁斯和德里克与你自己之间的联系？想想上一次你经历惨痛教训的情景，你是如何反应的？你是否通过改变让自己变得更好、更强大？还是说你一再强调自己的正确？这里有一些小提示，可以帮助你从下一次挨踢中获益：

➢ **眼光放长远**。在你的领导力生涯中，屁股挨踢只是一瞬间的事情。与挨踢的刺痛相比，你更应注意它带来的积极改变。你应该把注意力放在职业生涯的最终目标上，而不是放在走过的弯路上。

➢ **从情感中学习**。挨踢之后，你要注意观察自己的情感，并精确地进行分辨：你是觉得羞辱、害怕、愤恨，还是其他？然后询问自己，"这种情感想要传达给我什么信息？"以及"这种情感想要给我什么经验教训？"。

➢ **不适＝成长**。舒适人人都喜欢，但是会让你停滞不前。在舒适区中，你不会得到成长。从成长、进步到质变，这一切都是在不适区中发生的。失败过一次，你觉得越不舒服，成长的效果越好。

- **拓展你对勇气的观点**。开放、接纳改变，并接受批评，这也是勇气的一种形式。顽固的人错误地认为，勇气就是无所畏惧。真相是，勇气中包含了恐惧。对勇气最简单的定义就是，"不顾恐惧的行动"。勇气需要恐惧。在你前进的路程中，当你发现你的胃好像被捏住，你的喉咙好像被堵住，你的掌心满是汗水时，你的勇气正在发挥作用。

- **不要忽略自己**。忠诚于你的无知，其代价也是巨大的。虽然自我探索发现的过程可能是痛苦的，但从长远来看，更令人痛苦的是成为一个无法承认、理解、改变自己缺点的无知人类。

- **把自己当作工作项目**。很多人领导项目远比领导他们自己要来得好。思考一下，如何去领导一个大型项目：你从你希望的目标产出入手，依照项目关键事件来安排时间计划，整合必须资源，最后确定项目跟踪指标。你猜怎么着？这也正是你领导、管理自己的绝佳方法。

- **保持现状**。不要在受到羞辱之后，就立刻回避相关一切。静下心来，充分沉浸在这种体验中：什么样的情感在你心中涌现？什么样的恐惧在支配着你？在接下来的体验过程中，你的情感和恐惧如何为你服务？你从中学习到了什么经验教训？如何做才能从中获益？

自我探索给你带来痛苦，也会给你带来相应回报。通往自我中心的旅程，会是你一生中最重要的一段经历。只有完成这段旅程，你才能成为一个完整的人，对自己的才华、个性和心底最深处的欲望有一个真正全方位的了解。

如果你希望进步，最终那耻辱的一踢能帮你打开一扇通向新世界的大门，引领你更好更全面地了解你自己。拥有这些，你能更好地运用自己的优势力量，包括减少过度优势力量带来的"影"，以此更好地服务自己和他人。亚伯拉罕·马斯洛总结得很好："改变一个人的必要条件是改变他对自己的认知。"

第二章　剖析领导力困境

当它发生时你可能没有意识到,但屁股挨踢可能是发生在你身上最好的事。

——沃特·迪士尼

现在请让我为大家介绍皮特。皮特是一家大型乡村医院 IT 部门的主管。他和他的团队要负责管理超过 150 个软件程序,为医院工作人员提供计算机硬件,并确保软硬件均符合州政府和国家安全标准。IT 部门的失败,会为医院和患者带来灾难性后果。皮特和他的团队周围永远都围着一圈需要 IT 支持的医生、护士及医院管理者。这份工作远不是"充满压力"这么简单,但他已经在这个岗位上工作了 10 年,像个消防员一样四处救急已经是家常便饭。

然而,对皮特的团队来说,情况却大不相同。在过去的一年中,就有三人辞职退出,最近一次就在上周。其中,一位程序员正在进行一个紧急项目，项目要求他需要牺牲平时的休息时间和周末进行工作。在离职面谈中，程序员说他的妻子给他下了最后通牒：要么找一份新工作，有时间陪伴三个月大的孩子；要么找一个新老婆。

星期五下午，皮特的老板——医院的首席财务官，把皮特叫到自己的办公室。皮特想，或许是要给他升职加薪。毕竟，她曾告诉过皮特无数次，她欣赏他团队的努力与辛勤工作。最重要的是，因为在一项复杂系统整合项目中展现出的优秀领导力，去年皮特获得了医院颁发的"超越"（above-and-beyond）大奖。"我知道我的努力会有回报的！"他心里暗想。

"让我直说了吧，"首席财务官开门见山，"从今天开始，医院不再需要你的服务了。"话语就像火药味一样弥漫在空气中，"医院感谢您在过去的10年里所做的贡献。"她的声音和表情很冷静。

"什么?！你一定是在开玩笑！这是个玩笑吗？"皮特目瞪口呆，"我为医院做出的贡献呢？我拿到的超越奖呢？我正在进行的项目呢？你考虑过这些吗？"

"我知道你很难接受。如果有用的话，我建议你读一读自己最近的两次工作评估，特别是个人发展建议部分，我相信会对你有帮助的。现在，很抱歉，我要去参加管理团队的重要会议了。"

被踢的四个阶段

所有的踢屁股行为，踢屁股的人，以及屁股挨踢的人，都是独特的。现在，我们使用上面的案例，来解构领导力中的踢屁股是如何运行的。每一踢都有四个阶段：

阶段一 舒适的无知：在挨踢之前，你对自己的行为视而不见。生活是如此顺畅，你根本无法预料即将到来的羞辱。在这一阶段，你常常充满信心。你认为自己是称职的、清醒的。就像皮特一样，走进首席财务官的办公室时，对即将发生的一切一无所知。

阶段二 出人意料的刺痛：哎哟，疼疼疼！踢击带给我们疼痛，将我们踢出了舒适区。这其中有个规律：你之前忽略、遗忘得越多越彻底，挨踢的时候就会越疼。皮特挨的一脚很疼，这是因为他之前忽略得太多太多。挨踢通常会引发恐惧、愤怒、抗拒，或者压抑。这些情绪往往会导致防御姿态和过度的自我肯定——他们怎敢如此羞辱我！

阶段三 改变的选择：刺痛渐渐平息，你面对的只有两个选项：拒绝或者接受。等会儿我们会深入探讨这一阶段，因为这是四个阶段中最关键的一个。

阶段四　谦逊或者傲慢：这取决于你在第三阶段做出的决定，第四阶段会表现出愈加傲慢或者真诚的谦逊。如果你不断告诉自己，你所承受的一切都是不公的，你的自我正义感就会越来越强烈。如果你从疼痛中吸取教训，并据此进行改变，当你走出这段令你耻辱的事件时，你会变得更加冷静、谦逊和脚踏实地。

让我们用皮特的例子来解读一下这四个阶段。在第一阶段，我们很容易看到，皮特在挨踢后立刻展开防御姿态。毕竟，他赢得了"超越"大奖，向组织（医院）证明了自己的价值。对他和团队的努力工作，他的老板也表示十分感激。"他们（员工）当然努力了，因为是我让他们努力工作的。"皮特可能会这样想。但是正如前文所说，你无视得越多，挨踢的时候越疼。第一阶段确定了第二阶段（挨踢）的强度。对皮特来说，第二阶段如此疼痛，正是因为第一阶段的毫无知觉。他在模模糊糊中意识到，这可能与他团队的问题有关系，但是他低估了其重要性。所以，当他被老板炒掉时，剧烈的疼痛不可避免。

防御/抗拒是一种滞后的情感，是人们面对威胁、恐惧时的反应。突如其来的一脚伤害了你的自我认同感、满足感,以及经济和心理上的安全感。这时,你的自我开始履行它的本职工作——保护你。很显然,早于接受(自己需要改变的)事实,你的自我会在第一时间张开防御姿态保护你。它会扫描你的记忆,寻找一切可以让这种情况无效的证据。"你们怎么能这样对我!我会告诉你们错得有多严重!"这是常见的反应,其他反应还有:

- 这不是真实情况,因为……
- 好吧,我这么做是因为……
- 不,你!你才是该被指责的那一个!
- 但是,我不是唯一这么做的,那谁和那谁谁也一直这么做!

鉴于皮特挨踢前后的巨大反差,以及屁股对疼痛的自然反应,他立刻展开防御姿态也是完全可以理解的。现实情况的确也如此:炒鱿鱼是踢屁股中最疼的一种。除非你是笨蛋,否则在整个职业生涯中,你被炒的次数不可能超过一到两次。我们很容易想象出皮特被气个半死的样子,他可能会叫朋友出来喝酒发泄,甚至考虑起诉老板。皮特的自我处于防御模式全开的状态，他的自我会不断提醒他，他是被误解的、被冤枉的（起码最初是这样的）。

皮特要怎么做才好？在第三阶段，皮特面临着重大抉择：接受或者拒绝改变。他的抉择，将会决定挨踢对他是有益的还是无益的。让我们仔细观察一下第三阶段这两种选择：

1. **防御姿态**。如果皮特坚持认为自己是不公的受害者，他将会与迫害自己的势力斗争到底。他对攻击者的责怪越多，伤痛自我愈合得越快。他的自信，给他们难堪，会让自己看起来不那么难堪。这是一种采取防御姿态的常见策略：将焦点从自己身上转移到攻击方身上。在皮特心里，越是把过错推在他人身上，自己的责任就越少。防御姿态是一种典型的心理转移策略：面对工作中的苦和痛，为了保护你自己，你会将一切责任都转移到他人身上。某种意义上讲，你捍卫的实际上是"舒适的无知"，你想回到挨踢之前的舒适状态。防御姿态只不过是一种假装无辜的策略。

2. **接受、学习、行动**。这是身处第三阶段的另一种选择，这种选择需要更多的时间和精力。让我们假设，经过几天的舔舐伤口，皮特最终接受了首席财务官的建议，开始重新阅读最近两次的工作评估报告：那些第一次看到时感觉无关痛痒的评论，现在令他如坐针毡。其中一条评论让他倍感难堪："你的工作态度让人钦佩不已，但你的团队成员投诉说，他们感觉过度劳累、怀才不遇且缺乏关怀。作为团队的领导者，请你注意人力资源规划，充分考量每一名团队成员的工作量，谨慎分派任务。如果你的团队需求额外资源，请告诉我，我会给予你支持。最后，一点感激之情会大大提高你的团队士气。你要学会更大方地说出'谢谢'。"

接受需要一段时间，因为这种行为对自我来说是"错误的"。它需要特定条件作为基础：你必须承认，是自己搞砸这一切。你的心态要从"我是被冤枉的"转换为"是我错了"。简而言之，你要放弃抵抗，放弃假装无辜，你要承认错都在自己。接受始于诚实，结束于责任。在进行深刻持久的学习之前，你必须先承担起自己的责任。对皮特来说，获得如此结果，原因可能是来自他某一方面上的情感缺失。虽然他表面上很自信，但内心深处藏有一种令他痛苦不堪的不适感，那就是他不够好。因此，他不停地工作，试图通过工作业绩来证明自己的价值。工作越出色，心中那种折磨人的不完美感越轻。所以，他必须工作、工作再工作，他身边的人也必须如此。

像皮特这种颠覆性的心理体验，可能需要来自导师、教练或心理治疗师等外部视角的观察、引导。当你意识到自己是在自食其果时，耻辱感会从心底涌起。这是很平常的反应，一个中立的第三方可以帮助你、引导你，确保你不会被沉重的自我批评压垮。更重要的是，一位值得信赖的导师或教练，可以阻止你伤害自己。在一位经验丰富导师的辅助下，皮特可以行动了。摆在他面前的选择是无穷尽的：他可以去静修，静下心来"感受自己"；他可以读一些领导力书籍，确定自己的发展目标；他可以向心理治疗师求助，寻找心底不适感的源头，并克服这种感觉；他可以培养一些业务爱好，让自己在工作外也拥有丰富的人生。这之中，有一件事是他最不应做的，那就是无视挨踢的痛楚，立刻回到领导岗位。

从教训中学习

你在阶段三所做的选择，会转化为你在阶段四的成果。阶段四，谦逊或傲慢，这二者就是结果。如果皮特选择采取防卫姿态，不从挨踢中吸取教训，这一举动只会强化他的自我正义感。他会愈加无知，更加坚决地拒绝改变，继续忍受隐藏在心底的不适感。因为某些不恰当的领导行为（如过度工作、无视他人需求、心无感激之情，等等），他丢掉了工作。而这些行为将会继续跟随他进入下一个领导角色，并且会变得更糟：皮特可能会变本加厉，更加麻木无情、自私和傲慢。

然而，如果皮特选择了从教训中学习，他会看到他的自我意识对团队造成的负面影响。

对自己无知的无知：邓宁-克鲁格效应

1995年，麦克阿瑟·惠勒在脸上涂满柠檬汁后，抢劫了一家银行。当天晚些时间，在涂了更多的柠檬汁后，他抢劫了第二家银行。

原来，柠檬汁有一个有趣的属性：它可以用作隐形墨水。如果你用柠檬汁书写密信，文字只有在高温下才会显现。惠勒先生认为，如果他把柠檬汁涂在脸上，那么他的脸就会在银行摄像头中消失不见。他甚至还用拍立得相机来确认隐身效果（很显然，他操作失误了）。

劫案发生几个小时后，警方获得了银行监控录像，并在地方电视台的晚间新闻中播出。不到一个小时，惠勒先生就被认定为是抢劫银行的嫌犯。虽然柠檬汁没有让惠勒先生消失不见，但是起码他闻起来味道很不错。

以惠勒先生的故事为灵感，两位来自康奈尔大学的心理学家，戴维·邓宁和贾斯汀·克鲁格决定进行一系列实验，测试无知对决策的影响。在实验中，他们对一组学生进行了逻辑推理、语法技巧、幽默感等一系列评估，并将分数告知学生本人，然后让学生们评估自己在班上的排名。结果显示，越是不称职的学生，越会以为自己的排名会高一些。反之也成立：越是有能力的学生，越会低估自己的竞争力。他们会假设其他人拥有和他们一样的能力，只多不少。

邓宁-克鲁格效应表明，你越无知，就越不可能：

- 认知并承认自己缺乏技能
- 了解自己的极限所在
- 准确评估他人技能

这个故事的寓意是：你越是无知，越是会无视自己的无知。但是希望还是存在的。当实验中的学生接受相应培训后，他们能够更加真实地评估自己。如果这都不管用……我还是送你颗柠檬好了。

*故事来源：安普·潘特，《麦克阿瑟·惠勒先生令人震惊的有趣故事》，Awesci 网站，2014 年 3 月 28 日，http://awesci.com/the-astonishingly-funny-story-of-mr-mcarthur-wheeler/；以及罗伯特·贵舍尔，《愚蠢的呆瓜：对无知的研究帮助我们理解智力的运作》，GQ.com 网站，2014 年 2 月 14 日，http://www.gq-magazine.co.uk/article/stupidity-for-dummies。

皮特会意识到正是由于自己无知的行为，导致了团队的不幸和不忠，这些情况反过来导致他被解雇。"对别人要更加体贴"，这一课可以改变皮特的整个职业生涯，可以让他少些自负，多些对团队的考虑。他可能会对团队的牺牲表达更多感激之情；他可能更有意识地平衡团队成员的工作量；他可能会……总之，他会成为一名好领导。更重要的是，他的价值不再是以工作多少来体现。

当挨踢事件彻底结束时，皮特可能会成为一个更加自信和谦逊的领导者，也可能成为一个更加自以为是的傲慢混蛋，这一切都取决于皮特是否接受从耻辱中吸取经验教训。

当不是你的错时

屁股挨踢，可能错并不是每次都在你。但是，你依然要经历这四个阶段，选择接受或者拒绝。这里有个非常好的案例：肯·奥尔德里奇是奥尔德里奇电气股份有限公司——一家美国领先的民用电气承包商——前任首席执行官兼现任董事会主席。在担任首席执行官期间，肯对公司业务的影响是巨大的：他领导公司开展了更复杂、难度更大的项目；他做出了明智的投资决策，包括收购成长型公司，扩展奥尔德里奇公司的服务范围及市场领域；他还奠定了公司的培训及领导力发展机制。不管在奥尔德里奇公司内外，他都广受赞誉。是什么成就他的传奇，成为一名备受瞩目的领导者呢？答案是，他的父亲死于突发心脏病。

突然间，肯就被推到了首席执行官的位置上，那时他仅仅27岁。当然，他无法预料他父亲的离去，这意味着他在第一阶段的舒适与无知将招致狠狠的一踢。这种痛苦（第二阶段）几乎无法忍受。一方面，他有一种不想让公司员工失望的强烈压力，另一方面，他对首席执行官的角色感到十分不适应。他的父亲是一位德高望重的传奇人物，而27岁的肯与他父亲根本没有任何可比之处。

在第三阶段，除了接受命运的抉择，肯还有其他选择吗？如果他拒绝接受，公司将面临倒闭的危险，危及所有公司员工及其家庭的生计。这是大家无法接受的。于是，肯开始着手管理公司。他非常依赖公司的高级管理团队，因为所有人都比他年长，也更加经验丰富。他开始与顾客进行一对一访谈，了解他们的需求和挑战。他走出办公室，与员工和外勤人员打成一片。他不断学习、提高自己，发展自己的领导力。不久之后，他终于成为一名称职的首席执行官。

这种情况给肯带来的重要经验之一，体现在如何处理他的继任者问题上。肯以惊人的方式继承了公司，这让他比父亲更加深思熟虑。肯的继任战略分为两部分，一部分是大力投资于所有高管和管理人员的领导力发展，使公司领导层储备力量更加雄厚；另一部分则是确保他的儿子能够（与他相比）更加顺利地继承公司。七年前，肯离开了首席执行官的位置。公司前首席运营官史蒂夫·里维担负起过渡性首席执行官的职责，他的主要职责之一是帮助肯的儿子（现任联席首席运营官）适应并胜任首席执行官的职责。其他高级管理人员和外部教练也积极参与肯的儿子的领导力发展和继任准备工作。

　　在所有我合作过的领导者中，没有一位像肯·奥尔德里奇那样把重点放在继承者和领导力发展上。如果 30 年前，肯没有经历那狠狠的一踢，他或许也不会如此专注于继任问题。这已成为肯成长过程中最重要的事件之一：重视继任规划和领导力发展。这对于公司的可持续发展来说至关重要。父亲的突然离世让肯深深感到，没有一个领导者能够永生不死，所以他必须不断帮助下一代领导者做好准备。

准备好接受痛苦

难堪和耻辱深深地刺入心中，没人能从这些恐慌的感觉中逃脱。成长是痛苦的，而挨踢几乎是所有痛苦事件的开始。最终结果是：在痛苦中获得成长。当然，这种成长取决于你是否接受。这里有五个技巧可以帮助你进行选择：

➢ **回答以下问题**。下面是英语中最重要的四个单词：你想要什么（What do you want）？这是你需要终生思考的问题。你想成为什么样的人？你想成就怎样的丰功伟业？你想留给世界怎样的个人印记？挨踢实际上可以让你更加接近你的愿望——当你这样想时，屁股挨上一脚也就变得不那么可怕了。

➢ **要勇敢**。最初，挨踢可能会让你感觉到痛苦和脆弱。你需要勇气让自己接受这些感觉。勇气并不存在于安逸舒适之中。你要勇敢面对那一脚带来的痛苦与不适。你可以在第 10 章学习这些内容。

➢ **控制你能控制的**。很多时候，挨踢是我们无法控制的：我们无法选择谁来踢、什么时候来踢，或者踢击的力度大小。但是，如何应对则完全在我们的控制之中。例如，在被解雇后，IT主管皮特可以"控制"自己投递简历、排队面试，或者和教练一起处理这起挨踢事件，等等。当你拥有一些类似的"控制权"，不管多小，都会让接受来得更加容易。

➢ **减少评判，诚实待己**。屁股挨踢后，不要浪费时间在评判他人上。相反，你要拿出一张纸，列举出你自己的原因。要对自己诚实，这样才能避免类似事件的再次发生。

➢ **放手**。几乎人生中所有的教训都归结于这两个字：放手。只有放开你对事物的渴望，你才能完全接受事物的本质。放下挨踢前的舒适状态，这样你才能吸取教训，成为一名更优秀的领导者。

挨踢后的华丽逆转：舞曲版

看传奇如何陨落：2003年，最佳女子乡村音乐组合——南方小鸡（Dixie Chicks），一下从事业高峰跌入了低谷。美国出兵伊拉克前九天，乐队主唱娜塔丽·麦恩斯在伦敦演出时说："我们不想要这场战争、这种暴力行为，我们以美国总统（乔治·W. 布什）来自得州（南方小鸡的家乡）而感到羞耻。"英国观众爆发出雷鸣般的掌声。

但是，几乎一夜之间，这个超级女子天团被整个美国音乐界排斥。一个星期内，在美国公告牌榜单上，她们的单曲从第 10 名滑到了第 40 名，并失去了立顿公司的赞助。政坛权威警告她们："闭嘴，唱你们的歌去。"她们甚至收到了死亡威胁。

乐团将这种激烈的反应作为创作的灵感。在被美国乡村音乐界流放之后，她们于 2006 年推出了专辑《有志竟成》(Taking the Long Way)，并且深受好评。这张专辑获得了七项格莱美大奖，包括年度最佳专辑奖，其中单曲《不准备改过》(Not Ready to Make Nice) 获得了年度最佳唱片奖和年度最佳歌曲奖。这首歌简直就是她们拒绝为反战言论道歉的公告。

＊故事来源：格雷迪·史密斯《美国乡村音乐界准备原谅南方小鸡了吗？》2015 年 11 月 19 日。

https://www.theguardian.com/music/2015/nov/19/the-dixie-chicks-tour-is-country-music-ready-to-forgive.

不要成为拒绝者

没什么能比封闭式思维更能抑制领导力的增长。当自我反省能力关闭时，你的个人职责也无法实现。责怪他人或为自己的错误寻找借口，这些是遇到麻烦时的常见反应。拒绝往往比接受更加普遍，太多领导者仅仅是为了守护自己的个人形象，白白丧失了个人成长的机会。

我们对领导者的期望很高。我们希望他们是对的；我们希望他们能追求正确的目标，说正确的话，做出正确的决定，采取正确的行动，最重要的是，正确地对待我们。领导者们的自我保护或许是自然反应，但是在这种情况下，哪怕仅仅是承认自己的错误，都是正确的选择。

一位拥有强大自我且勇敢的领导者才能说出"我错了"，"我搞砸了"，或者"这都是我的错"。这些话语拥有的强大的力量，可以让领导者备受爱戴与追随。这是因为，当领导者承认自己犯错时，不仅仅卸下了武装，还产生了一种强大的吸引力，来自领导者的人性的强大吸引力。

没什么比封闭式思维更能抑制领导力的增长。当自我反省能力关闭时，你的个人职责也无法实现。

Part 2

如何应对不同领导阶段的困境

没有领导者可以保证自己屁股不挨踢。在领导生涯中，特别是领导力脱轨时，屁股挨踢可以让你自我磨炼得更加平和。这些令你难堪的经历就好像按下复位按钮一样，使你重新思考你想成为什么样的领导者，以及如何去实现。

在本部分中，你将了解到：

- 几乎所有的领导者都面临着严峻的领导态势，稍一不慎就会演变成信任危机
- 为什么说，那些使你成为领导者的因素，并不能让你获得成功
- "神圣转变"的含义，以及成为一名更优秀领导者的重大意义

在你的领导生涯中，你将会面临（并为自己制造）很多挫折，本部分将会带你了解领导者在不同职业阶段会经历到的各种常见困境，并为你提供实用的领导建议，不管你现在处于哪个阶段。

第三章　新手领导者：激情以外的压力与焦虑

> 我希望被惧怕还是被爱戴？这问题太简单了。我选择二者皆有。我希望人们有多爱戴我，就有多惧怕我。
>
> ——迈克尔·斯科特，《办公室》(*The Office*)

对于新手领导者来说，屁股挨踢是不可避免的。那些没有孩子的人，无法体会养育孩子的辛苦；同样的，除非你当上领导者，否则你无法真正体会领导者的处境与状态。这也是那些热衷投资于领导力发展的组织，花费大力气帮助新手领导者充分理解领导意义的原因。领导力发展项目通常会强调领导的运作机制——计划、组织、预算以及领导内容，如管理、委派、反馈等。但有一件事，大多数领导力发展项目不会告诉你，然而新手领导者很快就会发现：领导真是太难了！因为领导中充满了政治、变化，以及种种的不可预测。初次登上领导岗位的激动之情，很快就会让位于巨大的压力和焦虑。新手领导者深深地感到，对于领导他人这件事，他们所谓的准备简直糟糕至极。

"领导他人困难至极"这一"重大发现"，往往会成为新手领导者的第一次挨踢经历，并且通常会招致更大的踢击。下面是新手领导者们很快就会领悟到的残酷现实：

> **所谓成人，其实都只是大婴儿。** 他们善变、古怪，有时还很小气。即使是那些经验丰富的老员工，有时也会表现得像婴孩一样，他们穿着大号衣服，带着更大更脆弱的自尊来参加团体活动。当然，他们可以是聪明、热情、正直的，问题在于不可预测性。你很难预测在特定时间、特定状况下，哪些员工会表现得像个成人，哪些员工会表现得像个哭哭啼啼的暴躁婴儿。有些人会接受你的反馈并积极反应，有些人则会采取防御姿态，或者反馈以怨恨及焦虑。有些时候，你会成为办公室中最大的婴孩——通常是在你认为他人都很孩子气时。

> **(客户/工作/公司的) 要求都是无情的混蛋。** 只有工作结果才是你身为领导者成功的证明。这种驱动力/压力是永无止境的。不管你这个季度，或者这个项目做得有多棒，他们都会期待你下次做得更多、更好。你的名誉永远都处于高风险中，人们对你的期待让压力呈指数上

升。当下属的需求与公司需求冲突时，你则会被夹在中间，里外难做人。

➤ **让人不舒服就是你的工作。** 领导力与创造、管理、变革息息相关，而这些事物都会让人不舒服。人类是一种喜爱舒适、安逸的动物。但是，在舒适区中人类不会成长，只有走出舒适区，我们才能获得进步。身为领导的一个残酷现实是，你的工作就是让人不舒服，否则他人就会滋生自满，让团队裹足不前。你必须不断地将手下推向更高的目标和标准，但你猜结果如何？人们不喜欢你让他们不舒服。

➤ **不会有援兵出现。** 自力更生是坚强领导者的必备品质。有时，你会感觉被困难和挑战团团包围，毫无出路。但你必须带领团队解决问题，突出重围。领导是孤独的，没有援兵，没有救星，很多时候只能靠你自己一人摸索前进。你常常感觉自己是个辛苦维持自信形象的骗子。

➤ **领导中出现的问题，大部分都在你自己身上。** 领导者和他人不一样。他人不会将所有讨厌的事放在同一时间解决，不会将所有任务都看成是紧急事项，不会对每一个指令都坚决服从，不会在不必要的情况下超额超量完成工作。其实你也不应该这样做。但事实是，你经常这样做，其结果大多是在毁掉他人工作成果的同时还损害了自己的健康。领导者常常采用武断的领导方式，将他人置于不切实际的标准之上，并且只关注结果不关心人。当然，你会对这一切保持无知状态，而你的直接下属不会告诉你：你就是罪魁祸首——他们缺乏面对你的勇气。

面对这些令人震惊的事实，领导职位的光彩迅速退去，新手领导者开始怀疑他们的选择。他们逐渐认识到，领导是一件非常糟糕的事情。

正确认识领导难度

在进入领导职位前，很多人会心存某些天真幻想。对领导职位的幻想越大，挨踢时的痛苦就越深。第一个幻想就是：你的想法会被倾听、重视，以及被忠实执行，然后你的影响力增加，业绩不断提升。如果你把领导行为归结为发号施令、传授智慧、发展下属、努力获得业绩及最终奖励，那这一切看来是如此简单和美好。但事实并非如此。

一旦你成为一名领导者，你就会知道，领导并不全是美好事物和正能量。领导行为中更为关键的是那些被领导的人，而不是领导者。领导者需要通过帮助他人获得成功，来获得自己的成功；而在此期间，自我决策的作用微乎其微。领导的成功，几乎全部依赖于手下的业绩、表现和成长。领导者对追随者的需要，远高于追随者对领导者的需要，因为是追随者造就了领导者的成功。一开始对于领导岗位的强烈幻想掩盖了最重要的真理：一位领导者，只有善于帮助他人，才能出色地完成工作。如果一位领导者无法关注他人的能力与成功，那么他的领导潜力就无法完全发挥。追随者是领导力的全部意义所在。

经历了心理上的冲击（被狠狠来了一脚）之后，新手领导者可能会开始严重质疑自己的能力和理智。"这根本不是我们想要的结果"，他们可能会这么想。在我的领导力发展项目中，我会要求所有的新手领导者回答以下问题：在你未来的整个领导生涯中，你会经历种种困难、挑战，是什么赋予这一切意义和价值？到目前为止，最常见的答案是："我会创造那些能够创造领导者的领导者。"

当你有幸领导他人时，你的影响力会影响到他们的整个职业生涯轨迹。你可能会帮助他们变得更勇敢、更忠诚、更有人情味。如果你做得正确，那么最佳状态下的你也会引领出他人的最佳状态。在这过程中，他们会变得对领导更感兴趣，同时也更有信心。忍受领导他人的艰辛痛苦，你会得到被领导者和整个组织的积极发展作为补偿。

一旦你成为一名领导者，你就会知道，领导并不全是美好事物和正能量。

有效的领导力发展（以及真正的领导变革），其起始点是承认"领导力是极其困难的"。认识到这一点，有助于平衡过度的自信，增强心理准备，思考并激发更深入、更真实的领导承诺。最终，通过对领导难度的冷静认知，你会停止抓狂，步入正确的领导之路。领导依旧是件难事，但是你，已经有了应对之策。

领导不是你一个人的事

在你登上领导岗位前，你的成功很大程度上取决于你自己：你需要完成自己的任务，解决自己的问题，仅此而已。一旦进入领导职位，一切就都变了：问题开始呈现出多面性，你的工作需要通过他人才能完成。你需要花上一段时间才会了解到：你做的工作越多，团队的工作就会越少。在领导初期，你会将自己的个人生产力与团队效率等同起来。于是，你开始攫取他人的工作任务，并将之加入自己的工作列表中，哪怕这项工作由他人完成更加适合。毕竟，在进入领导岗位前，你是依靠个人工作效率获得成功的。你认为，在工作之上完成更多的任务只会帮助你更加成功。然而这注定是个不可能完成的壮举，因为你很快就会深陷到所有人的工作任务中。

你没法了解一切

在建筑业中，"完成"（Get'er done）是一种常见说法，常常被迈克尔骄傲地说出。迈克尔是美国中西部一家价值5亿美元的高速公路建设公司的继承人。这家公司的名字就是他的姓，迈克尔在公司中长大。他从设备部门扫地开始，在经历大学学习和几次暑假实习之后，他进入了公司的领导岗位。他的成长道路和许多家族企业中的孩子一样，拥有的特权让他们跨越了成为领导者必须经历的工作和考验，这也让他们的处境变得十分艰难。他们要向公司和所有人证明自己，证明自己能够胜任并出色完成领导工作，这无疑使得他们的处境进一步恶化。他们试图通过超量的工作与管理来显示自己对领导职位的驾驭。迈克尔亦是如此。他感觉自己需要以人类能达到的极限速度,对公司每一件事都做到了如指掌。

迈克尔的祖父一直很穷,他是在社会底层摸爬滚打建立起了这家公司,他的父亲则帮助公司扩大了一百倍。因此,在迈克尔看来,他的身份和价值,是由公司在他管理下的扩张程度决定的。为此,迈克尔很少休息,他白天要在工地对工人进行实地管理,晚上的时间则全部花费在他几乎无法理解的财务和生产报告上。对迈克尔来说,"完成"已经变成了"由自己完成",他的社交生活完全为零。领导职位,曾经看起来是一个绝佳的机会,让他成为公司的榜样和标志,但现在却变成了一记狠狠的耳光。他想,只有彻头彻尾的蠢蛋,才会想要这样的生活。

当然,辞职也是一种选择。但如果迈克尔辞职了,等待他的将是一生的心理重担:他会让整个家族失望。辞职意味着他不如他的父亲和祖父,不如他们有胆量、勇气和魄力。简而言之,他不配家族的姓氏。

迈克尔没有辞职,这不是他的本性。他加入了领导力培训项目,学习放慢节奏、转移注意力。项目是从"生命中的一天"练习开始的,他要想象三年后他理想的领导工作和生活。通过这个练习,他开始远离错误的领导方式,委派更多的工作给他人,这样就不必亲自管理团队工作的每一个细节。他想要多多了解那些愚蠢的报告，以便更快速地进行审核；他想要摆脱繁重的负担，让自己远离过度工作；他想要享受领导者职位，为公司带来机遇与发展。

一旦他明确了想要什么、不想要什么，然后就立刻意识到，学习公司中所有东西是徒劳的、适得其反的。父亲曾经告诉他，应该把自己的事业看作是一场马拉松，而不是百米赛跑。所以，迈克尔放弃去了解、掌控一切，而是开始求教经验丰富的员工和导师。结果，迈克尔不仅与他们建立了良好的人际关系，让他们参与到自己的成长发展中，而且还让他们积极地参与到自己的事业发展中。帮助迈克尔成长，是双方的共同利益所在。了解到这一点，迈克尔就更有信心了。

挨踢后的华丽逆转：士兵版

1521年，圣依纳爵·罗耀拉①在潘普洛纳战役中身受重伤，一块炮弹碎片击中他的大腿。圣依纳爵不是一名普通的战士，他是一名西班牙骑士，来自一个备受尊敬的巴斯克家族。他17岁就加入军队，杀敌无数，声名显赫。出于尊敬，他的法国敌人把他从战场送回了他的家乡洛约拉。

① 圣依纳爵·罗耀拉，西班牙人，罗马天主教耶稣会的创始人。——译者注

在康复期间，圣依纳爵感到十分沮丧。毕竟他是一名战士，属于战场。身为一名受伤的士兵，他倍感耻辱。他把自己关在屋子里，每天只靠一本手边的书打发时间。

这是一本关于圣徒生活的书，书中的内容对圣依纳爵来说犹如当头棒喝。他开始精神上的修炼，并放弃军旅生涯。他在西班牙本笃会修道院的朝圣之旅中，将军服留在了圣母玛利亚的画像前。然后他去了加泰罗尼亚的曼雷萨，在一个山洞里独自生活了几个月，并展开了一系列以冥想、沉思为中心的精神练习。

如果不是因为那颗炮弹，天主教耶稣会也不会存在——圣依纳爵是耶稣会的创始人。在历史上，耶稣会受到广泛尊敬，因为它比其他天主教会更加开放、开明，许多著名高等学府（包括乔治敦大学、福特汉姆大学、马奎特大学、贡萨加大学和波士顿学院）都由耶稣会领导。

有时，耶稣会教徒会被称为"神的战士"，这体现了圣依纳爵从一个凡人士兵到一名精神战士的转变。在圣依纳爵之后，第二位最著名的耶稣会成员是豪尔赫·马里奥·贝尔格里奥，也就是大家熟知的教皇方济各。

*故事来源：*St. Ignatius Loyol*，新天主教百科全书，http://www.newadvent.org/cathen/07639c.htm；乔治·特劳布和黛博拉·穆尼，《圣依纳爵，耶稣会创始人传记》，泽维尔大学网站，http://www.xavier.edu/mission-identity/heritage-tradition/who-was-St-Ignatius-Loyola.cfm。

为被领导者服务

失败和挫折能够让一名领导者从自私转变为无私。无私的你不再思考"我如何才能获得成功",而是开始思考"我怎么做才能让他们更加成功"。你不再将人们视为工作资源,而是将自己视为他们的资源。你开始与他们合作设定目标,消除他们工作中的障碍,为他们提供培训机会,发展他们的技能。当压力从上层压下来时,你为他们提供支撑与保护。你不再像一名警察一样,执行规则、惩罚违规行为;你会成为一名教练,将自己的时间投入他人的发展中,提高他们的工作表现,让他们为自己的工作感到自豪。对新手领导者来说,挨踢能够消除他们对领导力的美好幻想,帮助自己将注意力转移到他人身上。

领导者的理念,是利用自身的领导影响力,为那些被领导者服务。这里的"服务"不是指一个戴着白色手套的管家,在客人桌旁小心翼翼地处理龙虾壳。我指的是体谅他人、照顾他人、为他人着想。身为一名领导者,成功与否取决于你所领导的人的生活和事业如何。换句话说,领导力不是关于你,而是关于他们。克服对自己的专注是必需的；你越少专注于自己，你的领导就会越好越有效率。这对任何阶段的领导者来说都是如此。

这些困境会教导新手领导者们，获得成功的最快方式，就是帮助他人获得成功。当你专注于利用自身领导力帮助他人获得成功时，你自然会了解他们的需求、目标、志向以及天赋。你开始帮助他们培养技巧、信心、独立，这样他们就能够为公司及自己的事业创造更多价值。当神圣的转变真的发生时，你会成为一名积极进取的斗士，一名人才的缔造者、培养者。

一名经历过神圣转变的领导者

- 实现了他的价值观
- 他的自我意识中的光与影得到了高度关注与观察
- 拥有帮助他人成功的强烈欲望
- 分享他的战争故事，展示他的战斗伤痕
- 拥有恰到好处的自信与谦逊
- 知道自己的成功是建立在培养、发展他人之上的
- 对公司及他人无害，能够尊重他人

给新手领导者的小窍门

本书的主要观点之一是：挨踢是件好事。它可以让你从专注于自己转变为专注于他人。所以，新晋领导者们，认真学习一下下面的挨踢小窍门吧：

> **别自以为是**。在这个阶段，你没有足够的资本来炫耀自己。不要向每个人证明你有多聪明、多能干、多会指挥和管理。你认为这样会为你带来更多的薪水，但这只能向别人说明你有多么以自我为中心。请试着这样做：专注于帮助你的直接下属获得发展与提升。

> **多听少说**。对领导你还一无所知。所以，在他人分享想法时，禁止评论或发表意见。你要做到多听少说。如果你注意到最佳领导者们是如何进行自我管理的，你会发现咬住自己的舌头是最好的策略。

> **停止抱怨**。新手领导者常常对自己过于苛刻，这会让自己陷入消极之中。你应该练习感恩。在每一天开始的时候，列出三件让你感激的事情，并告诉别人你对他们的贡献心存感激。你越感激，你的心态就会越

积极。

➢ **不要偷懒**。不要成为一个没有条理的懒汉，这是"我是一个糟糕领导者"的最佳证明。不要让办公桌上的文件堆成山。请展示你身为一名领导者的自尊，清理你的工作空间，注意一下穿着打扮，吃得好一些，照顾好自己，让自己变得更好。

➢ **不要沉迷于科技小玩具**。放下你那该死的智能手机，跟人说话，进行充分的交流。

➢ **开始工作**。你处于领导地位，不代表就是一名领导者。想成为一名优秀、高效的领导者，需要你付出艰苦的努力。现在，找一个远离办公室、能够让你冷静思考的地方，然后写下你对下列问题的答案：

- 为什么你想领导他人？
- 你对领导的理解是什么？这些信念和观点是如何形成的？
- 在你经历的领导者中，你最欣赏哪一位？是什么让你如此钦佩他？你想获得他身上哪些品质？
- 你想通过你的领导为你的组织做出什么贡献？为了做出这样的贡献，你需要加强或发展什么样的才能？

- 你想利用你的领导力，为你的社区、社会和世界做出怎样的贡献？
- 对那些你有幸领导的人，你希望对他们的生活产生怎样的积极影响？

第四章　中层领导者：多重角色下的挑战

> 生活就像是狗拉雪橇。如果你不是领头的那个,那么你能看的风景永远只有一个。
>
> ——刘易斯·格里扎德

啊,难搞的中层领导——在这里,没有什么是确定的,一切都只能靠你自己捕捉。就像置身于汪洋大海之中:你离出发地已经很远,离目标海岸还有很长一段距离。身为一名领导者,你正在成长当中,却还远远没有结束;你已经成形,但是尚未长大。

职业生涯中期之所以如此具有挑战性,很大程度上是因为每个人都想从你那里得到些什么。你的雇员想要你的时间、指导和认可,你的老板想要你的忠诚、勤奋和能力。这两个群体都想拥有你的领导,但他们的目标却各不相同。你的雇员希望你的领导能够为他们提供成长的机会。对他们来说,身为领导者的你应该让他们的工作更充实、稳定、安全。你对待他们的方式——情感上的、成长上的、经济上的——会直接影响他们的工作，以及他们对你和组织的忠诚度。满足他们的需求，符合你的利益最大化。毕竟，没有他们的忠诚和辛勤工作，你也无法成为领导者。

你老板的需求则不同。首先，你要弄清楚什么是他们不想要的：突然袭击。在错过补救的最佳时机后，将问题扔给老板，没有什么能比这更让人抓狂了。这是破坏你与老板之间关系、结束你职业生涯的最佳方法。身为一名处于职业生涯中期的领导者，你需要尽可能减少并控制风险。当你要取悦你的老板时，记得：不要突然袭击。

你的老板想要什么？结果。一般来说，你对员工的关心要比你对公司和工作目标的关心要少。如果关心你的员工能够帮助公司实现目标，那么就去做吧；但如果这样做会减缓工作进展或损害最终工作结果，他们更希望你把注意力转移到更重要的事情上去。道理很简单，没有持续的产出成果，人们就会失去工作。你想照顾你的员工吗？你想让他们有稳定的工作吗？你想帮助他们赚更多钱吗？那就要把结果放在第一位。

被夹在中间的中层领导者

对中层领导者来说，被夹在中间的紧张感不仅仅来源于不同需求，还来源于方法和结果的不同。如果你希望继续前进，进入高层，你就要拿出结果来。同时，你还要激励你的员工提高工作效率，这意味着你要好好对待他们，这样他们才会产出你老板期待的结果。没有结果，组织就不复存在，但你需要人来制造、影响结果。作为领导者，你要善待他人（方法），这样他们才能出色地完成工作（结果）。

身处中层，你可以同时理解上下两个世界。你并没有远离基层，他们如何为那些永不满足的老板工作，你还记忆犹新。同时，你的位置也是你老板曾经经历过的，他们能了解到更多信息，这是低层级人员无法获知的；他们拥有超级视野，一切尽入眼帘，包括那些可能会影响组织生存的威胁；他们对结果的要求是持续不断，因为他们相信，组织的生存依赖于此。有朝一日，身处高层的你也会这样思考。

对中层领导者来说，挑战来自如何平衡下属和老板的不同需求，以及所造成的紧张关系。当然，你必须偶尔站站队，但是更多的时候，你得一碗水端平。你必须得到结果，也必须善待他人。如果你偏向一边，组织或员工就会受到负面影响，你的领导效率也是如此。

注意，方法与结果之间的紧张关系是十分必要的。如果人们不再期待被友好对待，又有什么能阻止那些变态领导者去虐待他们？相反，如果没有动力去获得结果，工作本身就会变得无聊，员工也会变得冷漠。所以，对组织和员工来说，这种紧张关系是健康的、必需的。

回旋镖效应

身处中层，需要你处理好老板和下属的需求。当他们感到被你抛弃时，就会回过身来狠狠地踢你屁股。如果你的下属认为你关心的只有结果，他们只是获得结果的"资源"，那么他们就不会再对你忠诚。缺少他们的忠诚，你的职业生涯就会变得一片渺茫。

举例来说，一家大型专业服务公司的通信主管——格斯。基于自己的职位，格斯认为他必须"消息灵通"。所以他积极参加尽可能多的高管会议。这是他获取消息的方式，这样他可以辨别哪些信息需要共享，哪些信息必须隐藏。你可以把他想象成一名传道者，通过超量交流来推进他老板的工作进程。这就要求格斯与公司所有业务部门的负责人都保持密切关系，包括他自己的老板。格斯为自己建立的关系感到自豪。有时，他甚至会刻意去吃一顿超长午餐，这样就有时间遛遛他老板的狗了。

格斯老板不知道的是，格斯的团队认为他是个只会拍马屁的骗子。他是沟通部门的主管，却从未写过一份公司备忘录或新闻稿，他所做的只是整天在高管会议上讲话。当团队成员试图联系他时，电话总是被直接转到语音信箱，而语音信箱早已爆满。让团队成员倍感被忽视的是，没有人为他们进行年度绩效评估，尽管数月前格斯就向团队宣布了年度评估流程。

格斯的团队成员们都在挠头，不理解为什么顶层的那些聪明人会被格斯这样的骗子糊弄得团团转。但是格斯的领导们很高兴，因为公司的通讯机制运转良好。格斯不仅传达他们想要传达的信息，而且还是使用他们的行话进行的，比如："我们需要注意消费者的增值服务，这样我们就能从他们的钱包中获得更多的份额。"老板们很信任格斯，格斯也认为自己的事业发展得很好。他取悦了他的老板，这难道不是最重要的吗？

现在请思考一下，如果注意力只集中在老板的需求上，格斯真的能获得长期成功吗？如果没有团队的忠诚，他真的能进步吗？当然不能。格斯是一个真实存在的人（我改了他的名字），最终他失去了团队的忠诚。最开始，一位团队成员辞职，理由是格斯糟糕的领导能力。然后另一位团队成员向业务部门领导者抱怨说总是找不到格斯，此外还提及格斯在年度业绩评估上的失职。最后，格斯失去了自己老板的支持。公司顶头上司责备他老板，说他为了让格斯给自己遛狗，故意延长格斯的午餐时间。缺少团队的忠诚和老板的支持，格斯最终被公司辞退。

请注意"回旋镖效应"：格斯不关心他的团队，所以他的团队也收回了自己的忠诚。他的职业生涯注定要失败。

过分保证

忽视员工的需求会损害你的事业，但过分关注也同样有害。一些中层领导者特别骄傲地为自身部门提供"空中掩护"，保护下属不受即将到来的公司变革影响。这的确是领导者的一个重要职能，但有些领导者玩得太过：当他们察觉到高层指令会对部门工作量产生负面影响时，就会表现得像殉道者一样呼喊抗拒。当变化发生时，他们不再考虑企业的最佳状态，一心只关注变化对自己部门的影响。虽然他们身处公司管理层，但是他们会偏向自己的员工，导致很多的高层领导者怀疑自己是否能以平衡（组织目标和员工需求）的方式客观地进行决策。虽然对自己的下属有着极大的忠诚，但这些中层"殉道者"会被高层领导者视为对组织不忠。即使他们有很好的工作业绩——他们的业绩通常都很不错，因为他们对待自己的团队成员很不错——依然会被指责对组织不忠，无法晋升到高级管理层。我指导过一些领导者，他们对自己的组织怀有深深的恨意，因为他们组建了强大的团队，获得辉煌的业绩，却一直被排除在高管层之外。"我还能做什么呢？"他们经常这样问，"我的团队很喜欢我，我们取得了很好的成绩，但我没有得到提升，而是被困在这个职位上。我觉得我做了一份伟大的工作，却因此受到惩罚。"

如果你的忠诚偏向你的员工，你被邀请进高管层的机会就会十分渺茫。想要获得晋升，你需要对组织及手下同时保持忠诚。在高层，对组织最有利的决策常常会与某些人或某些部门的需求相冲突。当组织收益降低时，你不得不削减成本，这通常意味着解雇员工；投资新产品或进入新市场，有时意味着要减少在其他领域的投资，而这也意味着解雇员工；引进一个强大的计算机管理系统，可能会使某些人的工作变得无关紧要，这也意味着解雇员工。换句话说，高层领导者为了组织的健康发展而采取某些强硬措施，意味着很可能要将一些人踢出门，这是很残酷的。身为一名中层领导者，偶尔做一些将员工踢出门的工作，往往是证明自己适合高级管理职位的开始。

忽视你员工的需求会损害你的事业，但过分关注也同样有害。

中层领导者面临的困境

中层领导者挨踢，原因多半来自对结果（获得出色工作业绩）或方法（善待员工）的重视不足，但也有一些来自其他原因的踢击。本章最后我们会对几种常见的挨踢方式进行解读。

晋升时被排除在外

想象一下，你渴望成为部门的部门经理。在过去的两年中，你一直是公司"下一任"领导培训项目的参与者，按照字面定义，这个培训项目的目的就是帮助你获得晋升。该培训项目之所以启动，是因为公司高层领导经过深思熟虑后，决定大力发展领导力继任计划，深化公司领导层人才储备。只有公司最有前途的领导人才会被选中参加这个项目。

接下来会发生什么？你得到晋升？不。从中层到高层的转变不仅仅是因为你取得了巨大的成就、你对员工很好，或者是你被公司的精英领导层看中——这需要机会。如果公司没有额外的高管职位空缺，你就不会得到提拔。更糟糕也更神奇的是，当一个新职位出现时，其空缺只会由外部人士来填补。是的，你没看错，外部人士！

被外部人士超越这种事，发生在很多中层领导身上。如果发生在你身上，你可能会跳起来辞职。"他们怎么敢这么做！"你会高声尖叫，"一帮两面三刀的伪君子！他们答应我会提拔我的。我已经在这里摸爬滚打了15年，但是他们却雇了一个根本不了解这地方的人。据说外部人士还获得了丰厚的薪水和签约奖金！我要把他赶出去！"

不要这么快就发脾气，伙计。如果你牌打得正确，总有一天你会就座于高层办公室中。那时你会发现，当高层领导者选择外部人士而不是你时，他们并不是要故意阻碍你的事业。通常来讲，外部人士具有组织发展所需的专业技能或能力；有些外部人士可以帮助组织进入新市场。一个新职位神奇地出现，实际上是高管们精心策划的。通过雇用外部人士获得新的组织发展能力，或者通过雇用专家进入新的市场，对于组织发展来说是很好的策略。

你老板在你的头顶上额外增加几张椅子，却又用外部人士的屁股将这些椅子填满，这当然会让你很沮丧。有时你会觉得你总是碰到晋升的"屁股天花板"。但是抱怨只会让你看起来像个孩子，而不是一名领导者。这里有一些更好、更有领导风范的实用方法，包括：

> **将外部人士引领到内部**。你可以帮助这些新人获得成功。如果他们和公司目标一致，当你帮助他们、指引他们融入公司政治环境时，他们会感激并珍惜你。

> **信任你的老板**。除了聘用外部人士，公司是否一直都在给予你支持？如果他们告诉你，你的未来仍是光明的，机遇必定会出现，你要相信他们，并询问他们如何为自己创造更多的晋升机遇。

> **自己创造机遇**。你的业绩越优秀，你团队的忠诚度越高，你离晋升就越近。例如，一家钻井公司的部门经理帮助公司将业务在三年内翻了一番，并且深受公司员工

爱戴。当他的老板（公司副总裁）退休时，公司甚至懒得去招募外部候选人，直接将职位给了这位部门经理。这是他应得的。

如果说有什么比被外部人士超越更糟糕，那一定是被同伴超越！被身边一同工作的人抢先晋升，没有什么比这更痛的了。即使那些资格看起来明显不如你的人，有时也会加入你老板的行列。再说一次，抱怨不会为你带来任何好处。与对待外部人士的策略相同，你需要：帮助他们成功，信任你的老板，努力获得辉煌的业绩以及无可动摇的忠诚度。

重大失败的冲击

上一章提到过，在领导生涯早期，你会犯很多错。但是相对而言，这些错误并不是那么重要，而且大多数都可以被认作"新手错误"。但是，在中层领导中，失误可能会造成广泛影响，而且无法轻易补救。

在领导中层，你可能会经历第一次严重失误。通常，你的失败会让组织付出巨大的金钱代价，甚至为公司带来巨大声誉损失。即使你可以为失败找到很多借口，也无济于事：这依旧是你造成的。不管你是否保住了工作，它都会动摇你的信心。

你在失败之前表现得越强，失败对你的打击就越狠。例如，一位建筑公司高级经理，领导了一个接一个的项目，而且全部获得成功。公司高层领导对他的信心也随之大大增强。当公司在新市场找到一个大型客户时，高层领导将项目交给了他，因为他身经百战，有真材实料。尽管他的历史业绩优秀，老板们的推断合情合理，但他最后不幸地失败了，并让公司损失了数百万美元。

项目失败并不令人惊讶，毕竟他对新市场毫无经验，与客户也是第一次接触。然而，这位高级项目经理将失败的原因全部归于自身，并向他的直属上司——部门副总裁提交了辞呈。

对于那些有能力的领导者来说，失败的冲击是巨大的。不安、恐惧和怀疑等情绪会在你脑海中持续几个月。你曾勇敢而坚定，但现在变得优柔寡断、犹豫不决。成功赋予你的自信与雄心壮志，现在已消散得无影无踪。你开始质疑自己根本不是领导这块料；如果是，也是最差的那种。

这时，让一个更有智慧、级别更高的人踢你屁股一脚，是最有帮助的。公司部门副总裁拥有足够丰富的资历，他知道项目的失败来源于太多不确定因素，而这位高级项目经理的表现已经十分出色。所以，他拒绝了这位高级项目经理的辞呈，并于半年后将一个更大的项目交到这位高级项目经理的手中。从失败中吸取的教训根深蒂固，这次高级项目经理漂亮地完成了整个项目，并在此过程中对自己的事业进行了重新定位。下面是一些职业领导者在经历重大失败时可以使用的技巧：

> **生闷气**。你肯定会生自己的气，所以我不会阻止你这样做，我是要让你生气生得有意义。你可以腾出时间来独处，比如去湖边坐坐，开车兜风，或者像阿甘那样长跑。不过，无论你做什么，都不要对别人生气。跟一个生气的人在一起，一点也不好玩！

> **获取不同观点**。你感觉很尴尬，失败仿佛在告诉高层领导者，你不配成为他们中的一员。但实际上，几乎所有人都会经历一次事业上的巨大失败。你要做的，是找一个你信任的人，向他讲述你正在经历的一切，然后听取他的观点、学习他的智慧。

> **从失败中学习**。把你的失败看作是精英大学的课程，一旦从失败中吸取足够教训，你就毕业了。失败是一种折磨人的教育，你肯定不想再经历一次，但你得到的教训是无价的，会对你的领导生涯产生积极、深远的影响。对你来说，把所有学到的经验都记录下来是一个好主意，这样你就可以在面对类似困境时迅速获得参考，也就不必再次经历重复的"课程"了。

职业低潮期

在你的领导生涯中期，经常会有一种痛苦感，"肯定还有更多东西等着我"。在年轻、层级较低时，领导工作让你艳羡不已，但一旦你进入了领导职位，你会发现它并不像你想象的那样轻松舒适。领导职位的压力是无情的，头疼已是家常便饭。更糟糕的是，所有人都要依赖于你：你的老板、员工、客户，以及你的家人。你分身乏术，每个人似乎都只能获得一小部分的你——包括你自己。

在这个阶段，可能会困扰你的事情还有很多。你感觉自己每天都在出卖自己一小部分的灵魂。你发现自己在工作中的决策违背了自己的生活原则。随着每一次小小的妥协，你感觉工作中的自我和"真实"的自我变得越来越不连贯。你正在成为一个你厌恶的人：一个出卖自己的人。你担心你在出卖自己的灵魂，却连买家是谁都不确定。

我将职业生涯中期的这个阶段称为"低潮期"。并不是每名领导者都能体验到这一独特的职业低谷，但有些人会担心低谷期没有尽头。如果成为一名高层领导者意味着更多的麻烦、压力和奉承，以及更少的满足感，那我愿意以什么样的价格出卖我的灵魂？

当你拥有更多问题而不是答案时，你应该对自己进行反思和重新评估。在这个阶段，你要解决的问题很重要，因为它们会对你最终的领导形象产生巨大影响。如果你发现自己深陷低潮，那么你应该密切关注你头脑中的疑惑与问题。认识到这一点，潮流最终会滚滚而来，你在低潮时做出的决定，会对你的领导力以及相关人士产生积极影响。

这里有一些低潮期领导者可以考虑的问题：

➤ 我的目标是成为一名领导者吗？
➤ 我希望我的领导力能够为我带来怎样的变化？
➤ 当我领导时，我希望怎样对待他人？
➤ 身为领导者，我希望被他人如何对待？
➤ 我将坚持什么原则？我不愿做出怎样的妥协？
➤ 我要采取什么行动，来弥补现状与目标之间的差距？
➤ 通过现状的工作，我能成为我理想中的领导者吗？

中层领导者屁股挨踢，可比初进领导职位时疼得多。不管是外部人士超越，还是遭受巨大失败冲击，这都是你不想再次经历的。难搞的中层，其实是一个极其重要的阶段。与其忍受它，不如将它作为你领导力发展的重要组成部分。这样，当你成为高层领导者时，你会从中受益，这是下一章的重点。

第五章　高层领导者：巅峰带来的职业倦怠

> 你越老，风越强，而且总是往你脸上吹。
>
> ——毕加索

即使那些摸爬滚打多年的职场老手，也免不了屁股挨踢。对高层领导者而言，挨踢总是伴随着领导重要性减少，或是已有工作成果缩减而来。

想象一下，身为一名领导者，你历经困苦，通过努力拼搏、坚持不懈和奉献精神，赢得了你的地位。你业绩优秀，成绩斐然，比起公司给予你的，你给予公司的更多。重要的是，你已经做出神圣转变，对下属员工的工作与生活产生了真实、积极、持久的影响。因为你的领导和贡献，组织及员工变得更好。你已经成为胜利者。

获得所有这些成功意味着什么？到达顶点。有一天，当你走进办公室时，所有的事情都会有些轻微的变化。你的精力会稍稍低了一点。你很难发现，即使对那些让你生气的事情，你的关注度也在一点点减少。员工们的问题看上去也有那么一点点不重要，当他们寻求你的帮助时，你的反应也会稍微冷淡一些。这些变化在一开始几乎不会引起注意。但是，当你达到领导巅峰，此后的每一天，都将在一个长而缓的斜坡上慢慢下降。你领导生涯中最好的日子已经过去，留给你的只有越来越不舒服的满足感。简单地说，你比以前少了一点关心。当然，你还在行业中，只是已不在顶端。你仍然参加重要会议，仍然在每年的商业活动中得到瞩目的演讲位置，人们在做重大决策前仍然会寻求你的意见。但你的光彩已经黯淡，你的影响力渐渐衰弱。

对高层领导者而言，挨踢总是伴随着领导重要性减少，或是已有工作成果缩减而来。

身处巅峰，不得不面对一个冷酷的事实：你永远不会拥有比现有职位更重要的领导角色。你面前已没有更高的山去爬。更大的挑战对你的事业有着巨大的激励作用，然而身处领导生涯末期，你已经证明了自己，雄心壮志此时已毫无必要。在本应热情高涨的巅峰，更多的是一种淡淡的、缺乏兴奋感的情绪。此时，你的目标感与雄心壮志，已经在不知不觉中被职业倦怠所取代。

关门恐慌

领导者通过创造机会获得组织和个人的发展，同时通过发展来创造更多机会。领导力中最让人兴奋的是：识别、创造及利用机会。领导者就是机会的创造者。

在我之前的一本书《领导者敞开大门》（*Leader Open Doors*）中，强调了为他人开启机会之门是核心领导的责任。使用你的影响力来帮助他人，这是领导者的激励与满足感来源。出于这个原因，领导者们持续不断地关注他们的员工和老板，为他们寻找机会，提供精神上的支持。

对高层领导者来说，巅峰时最富挑战性的是，已经没有多少机会之门存在。机会越少，领导者们越不安，甚至可能引发极度恐慌。"时间已所剩无几！想做的事却很多，无法全部完成。"他们常常这样想。这种现象很普遍，甚至出现了专有词汇：Torschlusspanik。这个词最早出现在中世纪，被翻译为"关门恐慌"。在中世纪，很多欧洲城市实际上就是一个大型封闭堡垒，城市居民必须在夜幕降临前通过城门回到城内，否则就会被锁在城外。在城外过夜的后果是非常严重的，比如冻死，被强盗袭击，或者被野生动物吃掉！

领导力中也有"关门恐慌"，一种明显害怕失去的恐惧。对高层领导者来说，可预见的不久之后，他们就会被关在组织大门外。虽然曾是其历史的一部分，但未来却与他们不再相关。与失去的未来无限机遇相比，领导者们所拥有的傲人成就也会显得苍白无力。

领导者们打开了大门，但是当机遇的大门开始关闭时，他们感到了自身的无用。毕竟在夜晚中，城内生活要比城外安全、充实得多。

"特殊项目"：踢你去退休

"关门恐慌"如此强大，很多领导者小心翼翼地避开城市大门。他们的身份及地位都被束缚在组织内，所以他们担心，当职业生涯结束时他们将失去所有。为此，他们变成了不愿退休，却也无法做出足够贡献的人。通常他们会宣称会在"两年内"退休——当然他们第一次这么说是在六年前。

面对年轻领导者，组织的宽容度会大大减少，而他们对组织的忠诚度也并没有那么高；但是对那些上了年纪的领导者们，组织总是充满了善意。在公司里待的时间越长，领导者周围的爱就越多，公司也就更难让他离开。于是，公司会采用一些不那么直接的折中方法，比如，一种常见的踢屁股方式是，公司调走老龄领导者所有下属，并将其分配到一个"特殊项目"中。这种人事变动很隐蔽，你不会觉得已被放逐出公司大门，直到你发现自己已远离曾经的工作职责。你会被告知："公司非常重视你的专业知识和智慧，所以我们希望你能够领导这个新项目，它对我们的未来非常重要……"实际上，"特殊项目"是公司在不解雇你的情况下抛弃你的方式。这一次，踢屁股的方式是缓慢的、不易察觉的。最终，你会发现自己整天数着文件来打发时间。一旦你意识到已经失去了权力、影响力和资源，退休对你来说就会变成一个很有吸引力的选择。

记住，屁股挨踢在大部分情况下都是好事。有时，公司只是帮助那些上了年纪的领导者做了他们不敢做的事儿：跨过退休这道门槛。

见见你的新老板

对于年老的领导者来说，另一种屁股挨踢的方式就是权力被分配给一名年纪轻轻、资历尚浅的新老板。例如，一位公司老领导忽然得知他不再需要直接向总裁汇报，而是被重新分配给了一个新任命的部门主管，这让他十分震惊。更糟糕的是，整整一个月都没人肯告诉他即将发生的这些变化。直到他的一位朋友嘲笑他时，他才发现这一切——这位朋友在最新的组织结构图中发现，这位资深老领导的头衔悄悄地从董事变成了部门副主任。拥有头衔的人总是声称头衔不重要，除非他们丢掉自己的头衔。之后几天内，这位老领导怒气冲冲，如果公司想要把他降职，为什么没有勇气当面告诉他呢？

最后，在一个周末，他冲进了总裁办公室。他告诉总裁，自己为公司投入很多，并且为公司的成功做出了巨大贡献，他不应为任何总裁级别以下的人工作。要么他官复原职，依旧担任董事，向总裁直接汇报，要么就这样离开。屁股挨踢罕有发生逆转的情况，但是这一次，这位老领导做到了。他成功阻止了自己职位的变化。幸运的是总裁看到头衔和直属领导变化的意义，这对领导者来说远远大于公司层面的认知。此外，对总裁来说，这位老领导者是他和公司的真挚伙伴，自己对他充满了爱。

大部分上了年纪的领导者，会被重新分配给一位年轻的、缺少经验的新老板。这不是件幸运的事，他们被迫忍受愚蠢的问题，倾听那些已经被证明失败的想法，见证那些幼稚的溜须拍马行为。

大使项目

老龄领导者的边缘化确实很伤人，因为这意味着公司在一定程度上否定了他们的贡献和价值。不管什么级别的高管，都可能会遇到这种情况；级别越高，挨踢时痛苦越多。为了给年轻有为的高管腾出空间，一家公司将一些老高管的领导权职移交给了新高管。这几位老高管都是副总裁级别，负责公司内部大型部门的运行。虽然他们保留了原有头衔，但是他们的大部分职责和决策权力都转移到了经验较少的年轻领导者手中。这几位副总裁感觉自己是"高级执行太监"——有名无实。

他们感觉自己被狠狠踢了一脚，并开始大声抱怨。很快，公司大老板就听到了他们不满的风声。他很理解他们的处境：大老板也已满60岁，尽管他是公司的老板，但也开始觉得自己不那么重要、不那么受重视了，他也感到自己被边缘化。但他不想公司受到这阵风波的影响，特别是公司刚刚设定一个雄心勃勃的增长目标——未来五年内实现收入翻番。公司以及下一代领导者们需要这些经验丰富的副总裁们的头脑与智慧。但他担心这些老伙计们会变得更加暴躁，不断指责那些做错事的年轻人。

为了减轻对这些老员工的刺激，公司大老板做了一件绝无仅有的事：他创建了一个公司大使项目（Ambassador Program）。这个项目全部由超过60岁的高管组成。大使们每月召开一次会议，运用他们的经验和智慧解决公司遇到的难题。这些大使们还设计了一个标志，看起来很容易让人联想到复仇者联盟。他们将标志印在自己的衬衫上，这样不管走到哪里，员工都能认出他们，可以向他们求教。他们还设定了自己的使命：为公司提供指导、支持，建设公司记忆库。此外，公司还通过以下途径让这些老资历的高管振作起来：

> ➢ 建立"一生计划"项目，帮助公司了解每位员工希望为公司做出的贡献
>
> ➢ 帮助来自外部的新高管们熟悉、融入公司文化

> 开办培训研讨会，教授领导力课程
> 为新晋高管提供指导
> 进行安全检查、质量检查及现场访谈

由公司所有者领导的"大使项目"，向全体员工传递了一个信息，那就是公司珍惜且需要年长高管们的智慧与经验。这有助于公司实现增长目标，创建一个可持续发展的未来。经验丰富的老高管们变得更加重要了。

老当益壮

领导职业生涯的巅峰转变可以十分美好。这是你智慧成熟的阶段，你的影响力已经形成，你会为后人留下有形的、积极的个人印记。在这个阶段，你是一位全面的领导者。值得一提的是，很多领导者的影响力，都在其生命后期得到充分发挥。本杰明·富兰克林在签署《独立宣言》时已经70岁（塞缪尔·惠特莫尔81岁）；罗纳德·里根当上总统时已经69岁，离任时77岁；果尔达·梅厄71岁成为以色列总理；雷·伊兰尼是西方石油公司的首席执行官，现年已经75岁，这使他成了世界500强公司中最年长的首席执行官。

考虑到美国目前平均退休年龄是 62 岁，你的领导生涯可能会持续很长一段时间。你要在退休前想好如何利用你的智慧和影响力，这样在职业生涯大门关闭时，你也能够轻松抵御踢来的那一脚。

给高层领导者的小窍门

好消息是，如果你是一名高级领导者，你的屁股已经被踢了很多次，有些甚至来自一些无关紧要的人。所以当我用以下建议踢你的屁股时，你也不会过分沮丧。

➢ **不要自以为是**。我们都知道你从基层爬起，靠的全部是自己的力量，你获得的一切都是应得的。没有你，这家公司一无是处。但是，我们不关心这些！你也不应该关心这些。我们最爱的是你本人，而不是一个戏剧化的殉道者角色。

➢ **体验年轻人的世界**。新手们不会像你们那代人那样做事，他们会犯低级错误，会溜须拍马。但请记住，你年轻时也做过同样的事。此外，如今的新领导者们更具技术头脑，他们能够融入全球社区，帮助公司拓展国际视野，并且能够利用工作外的身份更加出色地完成工作任务。所以请你进入他们的世界，而不是期待他们生活在你的世界中。

➢**更多的指导**。你仍然可以成长、提高，特别是在指导新领导者时。你的职业生涯发展是由众多领导者们共同推动完成的。现在轮到你推动、帮助他人发展成长了。新手需要经验丰富的前辈们的指导，才能成长为优秀的领导者。

➢**转移你的力量**。职业生涯的大门在缓慢关闭，但这并不意味着你无法继续发挥领导影响力。如果你没在非营利组织工作过，那就立刻去做吧。你的社区需要你的智慧、人脉和影响力。在很多志愿者网站上你都可以找到能让你发挥实力的一席之地。看，你还是很重要的！

Part 3

如何成为更好的领导者

一些领导者屁股挨踢的次数要远远多于他人，这是他们应得的。本部分将向你介绍两种常见的糟糕领导模式：猪头型和弱鸡型。那些过度自信、只关注自己的领导者最终会因傲慢而遭遇困境。相反，那些不成熟、善变、平庸的领导者，则会由于无能而被解雇。导致领导者屁股被踢的两大原因是：过度自信与缺乏自信。

当自信与谦逊以正确的比例出现时，你的领导力、影响力和满足感就会得到增强。本部分将会向你介绍三种重要的领导角色：忠诚的反叛者、天鹅绒锤子，以及真实的骗子。

这一部分还将讨论：

- 傲慢与软弱的负面影响
- 为什么说弱点常常来自于未发挥的力量
- 自尊在自我专注与自我忽视之间的平衡
- 为什么拥有一个"合适大小"的自尊更加重要
- 为什么对领导者来说，成为忠诚的反叛者、天鹅绒锤子

和真实的骗子非常重要

作为领导者，你所得到的结果、招致的困境，都与你的自信和谦逊脱不开关系。

第六章　领导者需要避免成为的两种类型

这个世界的问题在于：傻瓜和狂热者如此确信自己，更聪明的人却充满了自我怀疑。　　　　　——伯特兰·罗素

所有领导者都会在职业生涯的某个阶段挨踢，没有哪位领导者能从中逃脱。其中，有两种截然不同的领导者，踢向他们屁股的那一脚特别狠，而且大部分是他们咎由自取。如果你已经工作一段时间，你很可能已经遇到过一两位这样不正常的领导者。他们造成的领导力灾难是巨大、持久的。这种体验十分特殊，你不会轻易忘记。现在，就让我们重新认识一下他们，并且希望你不要成为这样的人：猪头型领导者和弱鸡型领导者。

谦逊为何如此之难

几年前，我开始了一个多年期的领导力培训项目。30位新晋领导者被公司高层选拔出来参加这个项目。目前该项目已经进入第五轮，为该公司的领导力发展打下坚实的基础。如果有幸加入这个项目，那么你很有可能在未来的某一天成为公司的高层领导。

作为项目的启动仪式，我邀请每位新参与者介绍一下自己，包括他们希望从项目中获得什么。大多数人都表示，他们想要增强自己的领导影响力，为公司增加更多价值，或者帮助、激励他人寻找自己的领导角色。一切都如我事先预料，直到杰拉尔德出现："我的目标是与同学们分享我所了解的领导力。你可能听说过我从西点军校毕业，在伊拉克待过一段时间。我从最伟大的领导者们那里获得了关于领导力的知识，我计划在这个项目中分享我的经验。我相信，领导力越大，责任越大。当你学到重要的东西时，你需要把它传递给别人。我希望我学到的一些东西能帮助你成为更好的领导者。"

其他人的反应，就好像杰拉尔德在唱《天佑美国》（God

Bless America)① 时打了一个大大的饱嗝，一些人的脸色就好像吃了过期奶酪一样难看。杰拉尔德通过浮夸的介绍方式，表明自己是这个项目的错误选择。这个项目是关于领导力的，而杰拉尔德只关注自己。没错，杰拉尔德就是猪头。

请不要对我产生偏见。我的培训项目中涉及非常多的前军事领导者。例如杰拉尔德参与的这个项目，包含两位资深军事领导者的座谈：约翰·麦克布莱德上尉，一位海军飞行员及美国宇航局航天飞机前宇航员；以及亨利·"迪克"·汤普森博士，一位越战老兵及著名压力管理专家。最近的项目中还有约翰·哈利克上尉，他拥有29年的海豹突击队服役经历；史蒂夫·罗马诺，一位退休的联邦调查局人质谈判专家及空军军官。此外，许多项目参与者本身都是退伍军人，其中一位在第一次伊拉克战争中身中七枪（他的绰号是"人盾"）。我很钦佩这些人。

杰拉尔德的错误，与他的军队职位毫不相干。问题出在他的态度，他将自己凌驾于其他同学之上。他的话基本就是在说：我对领导能力的了解比你多，你应该感到很幸运能够获得我的教导。

---

① 美国著名爱国歌曲，此歌曲在美国国内具有"第二国歌"地位（虽然未有正式授权），军队、学校、总统的就职典礼，以及美国职棒大联盟比赛期间都有演唱。——译者注

你觉得杰拉尔德在这个项目中表现如何？你认为他和其他同学相处得有多好？不到两个月，他就离开了项目和公司。让我们为此欢呼吧！

猪头型领导者

没有什么比傲慢自大更严重的错误了，尤其是在领导力方面。如果追随者知道领导者的权力处于其谦逊的控制下，他们会更加积极地为其提供大量权力。人们想看到的是，不管你取得多大成功、拥有多大影响力和权威，你依然没有忘记你的根基。如果一位领导者过度自我膨胀，脱离了谦逊的根基，他的追随者很快就会离开。

出于种种原因，身处领导地位时，人们很容易就会产生"自己很特别"的错误感觉。首先，领导者的人数相对较少，这让他们觉得自己很特别，因为领导不是想当就能当的。其次，领导者的福利更多，他们拥有更大的头衔、更大的办公室、更多的薪水。当然，更大的自我也随之而来。最后，领导者拥有更多自由和特权。当他们迟到、打断他人，或者钻公司政策空子时，没有人敢对他们说不，这是底层员工无法做到的。例如，我曾经工作过的一家公司，其高管建立了一个全公司范围的时间报告系统，所有员工每一分钟的工作都处于高层的监视下。但是高层领导者们不在监视列表中，他们解释说自己的工作时间浮动太大，无法进行精确监控。唉，可怜的员工们！

鉴于领导者的特殊待遇，很多领导者开始认为领导工作的焦点是自己，而不是被领导者。他们认为自己是特殊的——当这种想法不断被强化时，他们需要大量的自律和克制，才能保持清醒的自我意识。不过这是值得的，傲慢的领导无法产生真正的忠诚。如果领导者只关心自己的权力，无视手下员工的幸福，追随者们很快就会对其失去信心，进而转身离开。

> **当领导的特别之处不断被强化时，领导者们需要大量的自律和克制，才能保持清醒的自我意识。**

无意识的猪头

在我与成千上万的领导者共事的经历中，我发现几乎所有的人都是诚实且有道德的人，他们真心希望为组织和员工做出自己的贡献。但也有个别领导者个性严重扭曲，虽然这十分罕见。当过度膨胀时，他们的自我会产生惊人的无意识感。例如，我曾参加过一个领导者会议，其中包括一家著名床垫公司的首席执行官。在活动开始前，一位主持人提醒我说："注意，他的傲慢已经早他半小时进入了会议室。"果然，当轮到他演讲的时候，他吹嘘自己如何支配董事会，如何承担他前任不愿面对的风险，以及如何雇佣自己的家庭成员——因为他知道他们的拥有"正确的基因"。最后，在演讲结束时，他给每个人分发了一本他自己的语录。

成为一名猪头型领导者，意味着自恋与傲慢，以及利用理性的谎言合理化自己的无知行为。有一件事，这位首席执行官从未提及，但《纽约时报》最终发现，他几乎没有在公司待过，平时都是在位于佛罗里达的豪宅或是 80 英尺①的豪华游艇中遥控管理公司。

可悲的是，一些猪头领导者的皮太厚了，屁股上被踢了一脚对他们来说不痛不痒，更别说改变了。我敢肯定，这位首席执行官早就捏造好虚假材料，为在公司破产时收到的四千万"赔偿金"进行开脱。如果他能像我这样领导，公司也就不会破产了。

---

① 约 24 米。——译者注

弱鸡型领导者

领导往往意味着支配。如果你的支配天赋、个性在你的同伴中胜出,那么你更有可能被选为领导者。正因为如此,比起猪头型领导者,弱鸡型领导者的存在感更弱。当然,弱鸡型领导者肯定在工作上有所作为,所以才能晋升到领导岗位。但与猪头型领导者的自恋与傲慢不同,弱鸡型领导者的无能需要更长时间才会显现出来。现在请想象一下你经历过的最傲慢的领导者,然后再想象一下你经历过的最软弱的领导者,结果如何?猪头型领导者在脑海中的出现速度,要比弱鸡型领导者快得多,是这样吧。

弱鸡型领导者的特点是不愿冒险,换句话说,倾向于过分强调安全。这种行为会以多种方式出现。如在会议中,弱鸡型领导者很少会陈述自己的偏好或意见。相反,他会在高层领导者发言后,对会议风向进行观测,然后将上级们的讲话内容换一种表达方式说出,以伪装成自己的想法。弱鸡型领导者没有客观评估他们的观点,而是全盘接受。在这一过程中,他避免了捍卫自己的观点可能造成的矛盾。这是一种伪装技巧,创造了一种"存在"的幻觉；表面上你出现在会议中，而真正的你仍然是安全的、看不见的。

当弱鸡型领导者的下属对决策质疑时，"遵从上级命令"就成了其最佳借口。即使弱鸡领导者自身对该决策也有疑虑，但当手下员工问起时，他也会说："这是高层领导的决定，我们不得不遵从。"虽然他表现得像个有思想、有主见的领导者，但实际只是个空壳。

软弱来自对力量的保留

弱鸡型领导者的软弱，并不是因为他不强大。实际上，很多弱鸡型领导是具有强大能力的，但他们却拒绝使用他们的力量。就好像水坝一样，弱鸡型领导者将自己的偏好、欲望和不同意见牢牢挡在身后。他们的问题不是缺乏能力，而是恐惧：恐惧失去权威，恐惧被逐出群体，恐惧把工作搞砸，恐惧自己是伪装者的事实被发现，恐惧成功等。越是沉浸在恐惧中，就越要保留力量。这样恐惧就抑制了能力的发挥。

通过保留自己的力量和潜力，弱鸡型领导者欺骗了公司，也欺骗了自己。最近我参加了一家建筑工公司的绩效反馈会，与会者是公司首席执行官及他的直属手下——一位安全部门主管。这位安全主管一直在争取副总裁头衔，他觉得这会让他在部门领导、员工以及客户中获得更大影响力。首席执行官拒绝了他的晋升要求，并解释说，虽然安全主管在确保遵守公司和行业安全标准方面做得很好，但身为领导者，他表现得过于谨慎。在公司高管的安全商讨月例会上（出席者有副总裁、执行副总裁以及首席执行官），虽然安全主管是该会议的领导者，但他很少发言，也无法将高管们的发言控制在正确轨道上。对此，首席执行官表示："听着，你要停止当一名优秀的士兵，我要你表现得像个将军。与你的同事和手下工作时，你要显示出你的力量；只有面对我和我的团队时，你才可以保留你的力量。现在的你只是半个领导者，你会向下领导，却不会向上领导。所以，你需要更多地坚持自己的主张，并在团队中承担更多风险。你必须将你的身家性命放在上面，这样其他高管才会看到你与工作有着直接利害关系。除非你放弃对安全感的追逐，否则你永远不可能成为安全部门副总裁。"

挨踢后的华丽逆转：行业专家版

迈克尔·米尔肯赚钱的方式很老套——作弊！这并不是说他需要作弊：他是加州大学伯克利分校的优秀毕业生，并且在宾夕法尼亚大学沃顿商学院获得工商管理硕士学位。在20世纪80年代，身为德崇证券的债券销售商，米尔肯的收入每年超过2.5亿美元。他投入巨资宣传高收益债券，也就是众所周知的"垃圾债券"。在20世纪80年代，米尔肯就被称为"垃圾债券之王"。

米尔肯对债券行业的熟悉以及天生的聪明头脑，让他总是能够安全通过证券交易委员会的调查。直到被臭名昭著的股票交易商伊凡·博斯基告发，米尔肯才被美国警方抓住。米尔肯承认犯有敲诈勒索及掩盖会计记录等罪名，被判6亿美元罚款和10年监禁。

出狱后第二天，米尔肯被诊断出患有前列腺癌，然而这反而为其提供了一个新的关注点。虽然他被判罚终身禁入证券界，但是他依然富有、聪明、人脉广泛，具有很大能量。很快，他就创建了前列腺癌基金会。该基金会迅速成为前列腺癌研究的最大慈善基金。在此过程中，他开发了一种新的研发促进模式，即直接投资于与治疗相关的想法、理念（而不是基础科学），让研究人员对结果负责，并检测影响指标。长期以来，其他研究型慈善机构深受米尔肯模式的影响，其中包括青少年糖尿病研究基金会、囊性纤维化基金会和迈克尔·J. 福克斯基金会（旨在治疗帕金森症）。

出狱后，米尔肯把自己大部分时间、精力和金钱都投进了慈善事业。

*消息来源：杰弗瑞·索南费尔德，安德鲁·沃德，《回击：伟大领导者在职业灾难后的反弹》，哈佛商业评论，2007 年 1 月，https:// hbr. org/2007/01/firing-back-how-great-leaders-rebound-after-career-disasters；库尔特·艾肯沃尔德，《华尔街欺诈案，米尔肯被判支付 6 亿美元的罚款》，《纽约时报》，1990 年 4 月 21 日，http://www. nytimes. com/1990/04/21[business/milken-set-to-pay-a-600-million-fine-in-wall-st-fraud. html?pagewanted = all。

我知道我应该这么做，但是……

与猪头型领导者不同的是，弱鸡型领导者并不是没有注意到问题。他们能充分意识到什么是正确的行动，只是不接受而已。正确的行动往往是艰难的，而弱鸡型领导者总是想要回避困难。他们知道自己该做什么，可他们就是不这样做。人际对抗就是一个很好的例子。领导者们必须设定标准、界限，这意味着他们必须与违规跨界的人直面交锋。弱鸡型领导者知道自己应该怎么做，但是他们依旧会选择避免冲突，这种行为会让他人更加轻视自己。

我曾经和一位避免冲突型的执行高管共事。他有一个才华横溢的对抗型高级经理下属。工作要求这位高级经理从多个部门收集数据，为首席执行官撰写趋势报告。作为对报告中问题重要性的体现，这位高级经理把自己当成了犯罪都市的首席治安官。她使用一种恐吓的方式与他人沟通，显示自己的权力。其他部门的高管都为这位高级经理的处事方法恼怒不已。这位高级经理的行为已持续好几年，虽然执行高管对她的行为了如指掌，并且多次恳求她改变行事方式，却没能鼓起勇气解雇她。他认为，她为公司创造的价值超过她对公司造成的损失。

两种领导者的区别

	猪头型领导者	弱鸡型领导者
领导力观点	• 我的方式是对的，你的方式是错的 • 好好看看我是怎么做的	• 我会做你希望我做的 • 不要问我
性格表现	• 站出来	• 藏起来
对他人观点	• 其他人都很弱	• 其他人不像我这么弱
恐惧	• 失败 • 不按他的方式进行 • 失去控制 • 不被尊重 • 关心他人，被迫将注意力放在他人身上	• 让上司不悦 • 暴露真实想法 • 没有归属感 • 被发现自己是伪装者 • 获得成功并被迫达到更高标准
对自我的伤害	• 失去从自我意识和反省中学习的机会	• 因为无法坚持自己而失去自尊
对组织的伤害	• 高员工流失率、低士气、无法发挥所有潜力	• 保留太多本可以为组织或内部人员带来更多利益的力量
需要被踢一脚的地方	• 踢碎那个超级膨胀的自我 • 踢掉他迫使别人谦卑的行为	• 把他隐藏的力量都踢出来 • 把他的自信给踢出来

猪头型领导者的特点在于自私，弱鸡型领导的特点是自我

忽视。两者都需要进行自我调节。

在一个人的自负带来严重后果之前，他对过度自我造成的负面影响一无所知。他会对手下的忠诚、挫败感和不满情绪毫不在意。然而，尽管他会对他人造成巨大伤害，我们还是应该同情他：他头骨的厚度，以及自我的密度，让自我醒悟几乎不可能实现。除非给他过度膨胀的自我狠狠来上一脚，否则不可能改变这种对他人的无意识状态。

在大庭广众之下暴露自己的想法和在高层领导中坚持自己的观点之前，弱鸡型领导者总是会克制自己的能力。悲哀的是，他们的潜在能力完全可以为公司和员工带来更大利益。如果不给他们来上有力的一脚，他们只会变得越来越无能。

预防措施

每一位领导者都携带有猪头型和弱鸡型两种沉睡的领导基因。你必须要严格防范，避免它们苏醒。一旦你屈服于任何一种行为，除非他人能迅速地给你屁股来上一脚，否则让你的领导力恢复如初是不可能的。虽然踢击对猪头型和弱鸡型领导者来说，是一剂强效解毒剂，但也并不总是奏效。

在下一章中，你会了解过多或过少的自信会让你偏离正确的行动轨迹，更容易挨踢。你还会了解到拥有一个"合适大小"的自我的重要性，以及合适比例的自信与谦逊的重要性。同时，这里还有一些建议，可以帮助你保持领导力的健康：

避免成为猪头型领导

> 让注意力远离自己。列出所有对你的领导信念有影响的人，然后向他们述说你现在的情况。你至少要找三个这样的人，并且感谢他们对你的指导。

> 代表他人领导。当你运用你的领导力时，先确定你希望其对他人产生的影响，并确定三件在未来两周内你能做到的、对他人能够产生积极影响的具体行动。

> 邀请他人反馈。你可以找一名执行教练，或者参加人格调查，获得对自己的360度全方位真实反馈。

> 闭上你的嘴，让别人成为焦点。在决策时或发布重大指令前，寻求他人意见。多问问题少回答。不断地问自己："为什么我要说这些？"

避免成为弱鸡型领导

> 计算保留能力所付出的代价。确定你保留了哪些能力，

计算保留这些能力所付出的代价。保留能力让你的职业生涯付出怎样的代价？对你的领导又造成了怎样影响？

➢ **寻找领导力模范**。寻找并确定一位你为之自豪的强大领导者并思考：他的领导方式与你有什么不同？然后确定你可以缩小你们二者之间差距的三种具体行动方法。

➢ **勇于冒险**。问问你自己："我在哪些方面做得太过于保守和安全了？"根据你的回答，确定三个能够将你自己推出舒适区的具体行动方案。离开舒适区能够让你直面恐惧，建立勇气和信心。

➢ **把话说出来**！明确你对领导力的看法、对组织决策的看法，然后在下一个适当场合陈述你的观点。让你的老板了解你的想法，尤其是当他们的决策与团队背道而驰时。你要说实话，更多的实话。

第七章　领导者必备的两种品质

你从挨踢中学到的要比从接吻中学到的多得多。

——汤姆·汉克斯

大多数领导者挨踢，是其日积月累的行为带来的自然结果。通常，踢击是对傲慢或懦弱的回应，当你过于傲慢或软弱无力时，你的屁股就会挨上一脚。这是生活以一种神秘而又痛苦的方式提醒我们：过度自信或缺乏自信会产生危险。

过度自信

当我们过分相信自己时，当我们将过多筹码押在我们的技巧与能力上时，当我们以"我能搞定"为假设开始任务时，过度自信正在扭曲我们的领导力。过度自信会让我们做出冲动的决断；过度自信会让我们更相信自己的判断，而不是他人的；过度自信会让我们对他人不屑一顾。最明显、最典型的过度自信例子，就是那些猪头型领导者，他们常常将那些"阻挡自己目标的人"踩在脚下。他们的座右铭是："如果你不是推土机的一部分，那你就是人行道的一部分。"对过度自信的踢击，实际上是对自私领导的反击，其通常表现为下属员工在领导者背后捅刀子，或者直接背叛。就像凯撒大帝死前哀叹："你也有份吗，布鲁图？"

缺乏自信

当我们过分专注于可能出现的失败时，当我们高度关注风险规避时，当我们总是为获取他人批准而延迟决策时，背后都是缺乏自信在捣鬼。缺乏自信让我们胆怯、犹豫、沉沦。当我们缺乏自信时，我们无法坚守自己的想法，更别说为之奋斗了。我们会让步于他人的想法、观点，并因此失去决策和改变的机会。缺乏自信，是弱鸡型领导者软弱的原因。弱鸡型领导者既不会为他们自己辩护，也不会为他们的下属出头。长期缺乏自信，会让你失去你老板、同事、下属，甚至自己的尊重。如果你不想办法培养自己的自信，这就是对自己最大的不敬。总的来说，由于缺乏自信而导致的犹豫不决、胆怯、优柔寡断，以及不相信自己，会让你逐渐失去领导影响力。

自信而谦逊

当领导者选择领导方式时，要考虑追随者们的需求。追随者们不会跟随那些恐吓他们的领导者，也不会跟随那些软弱的领导者。他们尤其不会跟随那些贬低他们的领导者。他们希望追随的，是一位具有强烈价值观的、能够描绘出清晰未来愿景的、以理性方式冷静行事的、给予他们支持的、让他们为自己感觉自豪的领导者。换句话说，追随者们追随那些能够自信地谦逊的领导者。

要让我们的领导变得更加自信、果断、坚定，我们需要自信；要让我们的领导真诚、充满温暖的支持，我们需要谦逊。自信与谦逊是互补的平衡力量。当我们的行动是由自信和谦逊同时领导时，这就是最出色的自我。理想的领导者形象，是高度自信而又真诚谦逊的。当你对手下的尊重与对自己的尊重相同时，你就已经做到了这一点。

　　一位自信而谦逊的领导者，看起来是什么样的？首先，他对自己的外在形象十分满意。这种满意来源于经验和自尊，他知道今天的地位与身份是自己应得的。屁股不是白挨踢的，他从每次教训中吸取经验，获得成长。他的自我价值并非来源于别人对他的看法，而是来自于他所尊崇、捍卫的价值体系。原则对他来说至关重要，为他的决策提供了力量和指导。这位自信而谦逊的领导者坚定、有建设性地陈述自己的观点，目的不是为了胜过他人，而是为了增加自己的智慧与经验。当情况需要时，他可以以有力、直接，但绝不贬低他人的方式进行领导。对他来说，员工不是物品或资源，他们的存在赋予了他工作的意义与价值；他们的成长与发展，就是他对自己工作的评价标准。

　　自信而谦逊的领导者，知道自己并非无所不知，也不奢求无所不知。他渴望得到下属的投入、意见和帮助，同时也了解他们乐于给予。他的领导地位不会受到强烈意见或者独特个性的威胁，重要的是，他珍视那些坦率、有思想、真实的人。

适当的自我

踢屁股的好处在于,它能够调整自我的大小。当我们过于自信时,踢屁股可以让我们变得谦逊;当我们缺乏自信时,踢屁股可以激发我们的信心。踢屁股是一种矫正手段,确保我们的自信与谦逊保持平衡。

但这并不是说,每位领导者都应该持有同样的自信与谦逊。每位领导者的比例都是独特的,这需要考虑该领导者所面临的具体境遇。如果你拥有一个六英尺高的自我,却只有五英尺的能力,那么在六英尺深的湖中你就会被淹没。同样,如果你有一个五英尺高的自我,以及六英尺的能力,你就会不停地撞到门框。只有当我们的自信与谦逊达到平衡时,我们的危险才会减少。

挨踢后的华丽逆转：职业高手版

当纽约洋基队老板乔治·施泰因布伦纳雇佣乔·托瑞作为球队经理时，纽约每日新闻以《无能的乔》（Clueless Joe）为标题进行报道。托瑞领导球队获得的894次胜利，在1003次失败面前变得黯淡无光。那时，托瑞刚刚被圣路易斯红雀队以表现不佳为由解雇。可以理解，洋基队球迷认为雇佣他是个大错误。

幸运的是，托瑞从失败中吸取足够的经验教训。用他的话说，"如果没有坏时光，就无法欣赏好时光"。很快，托瑞就赢得了团队的尊重。他知道，管理洋基队意味着也要管理施泰因布伦纳，管理冷酷无情的纽约媒体，管理那些用审视眼光观察他的球迷。

托瑞以一种令人敬佩的自信和谦逊态度赢得了身为领导者的尊敬。与比利·马丁这种活跃好斗的洋基队教练不同，托瑞的管理稳定、集中。此后，他带领洋基队12次打入季后赛，赢得四次世界大赛冠军，被广泛认为是洋基队有史以来最受欢迎的教练。

2002年，托瑞和他的妻子建立了乔·托瑞安全家庭基金会，提供反家暴资源和教育。托瑞的父亲是一名纽约市警探，曾经对托瑞和他的兄弟姐妹施以精神及肉体上的虐待。该基金会已在越来越多的学校中开设"安全屋"，为遭遇类似家庭问题的孩子提供反家暴干预与支持。

托瑞说，赛场内外的胜负造就了经验丰富的他，他说："我认为我有一种对人的敏感性，这是一种力量。"

*消息来源：《无能的乔》，纽约每日新闻，1995年11月3日，http://www.nydailynews.com/sports/baseball/yankees/ex-yankees-manager-joe-torre-front-back-pages-clueless-joe-bombers-legend-gallery-I.56363: JoeGi-glio;《2014棒球名人堂：乔·托瑞的故事》，NJ.com，2014年7月27日，http://www.nj.com/yankees/index.ssf/2014/07/baseball_hall; 乔托瑞安全家庭基金会网站，http://www.JoeTorre.org;《乔·托瑞》，国家棒球名人堂，http://baseballhall.org/hof/torre-joe。

你应该如何做

想象一位你最欣赏的领导者，一位与你真正共事过的人。这位领导者是不是自信、谦逊、彬彬有礼？这位领导者是不是像对待自己一样对待你？反过来观察一下自己，你的领导力表现如何？你对你自己的外在形象感觉满意吗？你是否会少批评，多征求他人意见？你是否鼓励手下围绕目标工作，而不是围绕你的权威？你是否感受你已拥有很高层次的自信与谦逊？你的下属员工也会这么评价你吗？这里有一些让你变得更加自信和谦逊的小建议：

建立正确自信的建议

> **增加竞争力。**当你的技巧、能力得到提升时，你就会变得更加自信。领导者不需要事事都做得好，但你必须擅长某件事。别人都说你擅长什么，你就将其进一步提升，达到精通或更高水平。

> **克服你的恐惧。**恐惧会扼杀你的信心。你要在恐惧中行动（这是对勇气的简单解释），进而建立自信心。列出

你工作中的三大恐惧，然后确定三个你能够实施的具体行动并立刻执行。当你勇敢地行动时，信心就会增强。

➢ **健身**。太多工作狂人懒于锻炼。你要通过锻炼、健康饮食、不吸烟不酗酒、充足睡眠来照顾自己。善待自己是善待他人的第一步。自我尊重会增强你的信心。

➢ **建设他人信心**。与他人分享你的经验。想要更加自信并不意味着你要获取更多个人权力。为他人提供支持，一样可以提升你的自信。寻找一位在困境中挣扎、需要更多自信的领导者，在他许可的情况下，与他合作，帮助他获得成功。

拥有正确谦逊的建议

➢ **感受巨大**。你可以矗立在海边、大峡谷旁，或者在寒冷的夜晚仰望星空。庞大的自然景观可以帮助你意识到，你并不是宇宙的中心，而只是一粒小小的尘埃。永远不要忘了这点。

➢ **拥有健康的精神世界**。美德是建立在谦逊、善良以及无私上的。拥有健康的精神世界是获取超越体验的最佳方式，它能帮助我们提升自身层次，成为更为慷慨的人类社会一员。

> **服务他人**。当你专注于为他人服务时,很难做到自我关注。你可以和那些比你更需求帮助的人在一起,远离你的自我。你的选择是无限的:在流浪汉避难所做志愿者,像大哥哥大姐姐那样为孩童提供服务,或者帮助残奥会运动员。不过,你必须亲自去做;寄支票是一种懒惰的、糟糕的服务替代方式。

当你的自信与谦逊达到平衡时,你开始建立一种更加脚踏实地的领导风格。你的自信和谦逊层级越高,挨踢就会越少。在下一章,你将会了解三种主要的领导角色,它们都会在自信和谦逊中得到强化。

第八章　领导者需要扮演的三种角色

如果我只有一点点的谦逊，那我就完美了。

——泰德·特纳

预防挨踢

你越自信、越谦逊，你挨踢的可能性就越小。如前文所说，大部分人屁股被踢都是自己造成的：不是因为太过傲慢，就是因为太过缺乏力量。本章将会介绍三种通过自信和谦逊加强的领导角色，它们反映出了领导者和非领导者在基础行为上的不同。你可以把了解这三种领导角色视为一种预防方式，让你免于挨踢。

忠诚的反对派

海因斯·布兰南是我共事过的最优秀的领导者，他曾经是埃森哲的合伙人，监督世界上最大的外包业务。贝尔南方公司已聘请埃森哲管理超过 700 个 IT 程序。海因斯则领导 35 个合作伙伴——它们为一个拥有两千名埃森哲员工的组织提供领导力发展——其中大部分都是贝尔南方外包给埃森哲的。那时，我是埃森哲变革管理和人力资源绩效实践部门的中层经理，海因斯是我的直属上司。我是半个管理者加半个工作人员。但我热爱这份工作，它能让我与海因斯一起工作，还能让我与海因斯管理的所有领导者进行互动。在那之前，我从未为任何拥有正统领导理念的领导者工作过。对我来说，海因斯如此独特，皆因为他是忠诚与反叛者的完美结合。

在职业生涯早期（安德森咨询公司改名为埃森哲之前），海因斯接手了该公司在北卡罗来纳州夏洛特市的地区办公室管理合伙人一职。他的前任——乔治·沙欣（后来成为公司 CEO）要求合伙人们每周六都召开例会，时间从早晨 7 点一直到中午。由于合作人常常在工作日出差，沙欣认为周六是唯一能够把他们聚在一起的时间。其结果是，很多合伙人只能在周六下午和晚上回趟家，周日立刻又要返回工作地。

在成为夏洛特办公室管理合伙人的第一次行动中，海因斯就召集所有合伙人，取消周六例会。他希望他们能和家人在一起，享受自由的周末时光。这次会议很快就结束了，解散时合伙人们对海因斯起立鼓掌表示感谢。

太多领导者只会成为更大系统的代理人，机械地执行上层命令。更糟糕的情况下，他们会变为领导力中的旅鼠①，对上司绝对服从，同时也期待属下对自己的绝对服从。当足够多的旅鼠占据主导地位时，办公室政治就开始凌驾于原则之上，他们会选择方便的、对眼下更有利的领导方式，而不是正确的、带有一定风险的方式。在这种情况下，僵硬的体制逐渐形成，"我们一直使用这种方法工作"的心态标志着该体制的彻底完成。如果新领导者无法迅速融入这种体制，他就会被边缘化。如果他不按照体制的规则去做，上层领导就会摇摇头说："他不是一个好人选。"他们真正的意思是，他太过独立，太不听话，太过固执——他是对秩序、控制和最终权力的威胁。

让我如此钦佩的，是海因斯的自信与谦逊。他很谦逊，知道自己身处一个巨大的权力体系之中，他只是其中一员，但他有足够的自信在必要时采取独立行动。他亲眼看见过度劳累给生活和婚姻造成的负担。在海因斯看来，周六例会是一种反常

---

① 旅鼠效应，泛指在团体中盲目跟随的行为。——译者注

的工作状态，最终会伤害合伙人们的工作动力和生活幸福感。虽然其他地区办公室也会要求开展周六例会，但海因斯拒绝这种工作方式。对他来说这是一个原则问题。他的工作是保护合伙人，让他们能够健康、高效地工作，而不是扭曲公司政策，错误地将工作时间和产出质量等同起来。海因斯从心底里关心公司和它的合作伙伴，他无法让病态的工作狂精神进入公司大门。海因斯是一个忠诚的反叛者，是一位拥有独立思考和行动能力的执行管理者，可以为了公司和合作伙伴的最佳利益果断行动。

做一名带有反叛精神的忠实追随者

在大多数组织中，当你负责领导他人时，你就进入了管理层。这种转变代表一种门槛，一旦你跨过这道门槛，你就成为组织管理机构的一员。这种转变常常用"制造"（made）一词来表示，你"制造"了一名经理，意思是"你将他从非管理层带入管理层"。一旦进入管理层，你可能会更加忠于公司的价值观、战略规划，以及成文和不成文的规定。

忠诚是一件好事。给予忠诚，你就能获得信任。但是对公司的忠诚，往往需要将自己的需求和偏好放到一边。即使是你坚守的价值观，也不得不妥协。忠诚是一种你给予的东西，作为你将忠诚给予公司的回报，你能更深入地参与组织决策。所有这一切表明，忠诚与谦逊有着巨大联系，因为它要求你将自己的需求置于公司的管理体制之下。如果每位领导者都将自己的意愿与偏好放在组织之上，工作就会无法进行和完成。

能够平衡忠诚的，是独立思考的能力。身为一名领导者，你应该坚持自己的大胆想法，创造性地解决问题。至少在健康的组织中，你要能够抵制那些不道德、不正常，或者与组织价值观不相符的指令。成为一名叛逆的领导者，意味着你要为组织的最佳利益行动。你必须足够特立独行，能够在关键时刻打破常规。做正确的事，最重要的是出于正确的理由，而不是忠实于错误的规则。当海因斯取消周六例会时，他打破了公司的内部管理规则，因为他认为这对合作伙伴和公司来说，是不健康的、错误的。

成为一名忠诚的反叛者，意味着你要有足够的信心去独立行事；并且足够谦逊，能把组织利益放在个人利益之上。这里有一些可以帮助你成为一名忠诚反叛者的小建议：

> ➢ **忠于反叛创始者**。如果你在公司待得足够久，你可能会发现一些人常常违背常规，逆公司潮流而行，或在市场上进行一番颠覆性举动。你需要了解他们的反叛经历。他打破了什么规则？为了创建这个组织，他必须做出哪

些牺牲？忠诚是如何对他的成功产生影响的？他最忠诚的是谁？他有什么不忠诚的地方？他的忠诚反叛者精神以什么方式存在于组织的成文或未成文的价值观中？创始者的哪些特点值得你学习？你有什么特点？

➤ **审视你的信仰。**你拥有哪些信仰？许多人追随他们父母的宗教信仰，这种做法是可以的，只要你真的相信。领导力也是如此。你对领导力有什么看法？这些信念是如何形成的，是谁或什么塑造了它们？想拥有独立思考能力，你需要仔细审视自己的信仰。请回答这个重要问题：你认为什么是领导他人的关键所在？

➤ **确定你和谁在一起，又是谁和你在一起。**还是那个老掉牙的问题："我是谁？"工作时，谁和你并肩作战？在谁的身旁你能做回真正的自己，不必在意他人的评判？谁总是支持你？谁会提醒你牙齿上还粘着上顿饭的菜叶？当你欺骗自己时，谁会给你当头棒喝？你要和这些人待在一起，并以此为基础建立一个值得你忠诚的团体。

➤ **弄清楚规则和例外。**仔细查看组织的职业道德规范。仔细阅读，理解每一行字、每一个注释，并了解例外情况与处理方法。如果你的组织没有正式的职业道德规范，那就为自己建立一个。做一个叛逆的人，你要领导大家创造规则!

天鹅绒锤子

罗斯玛丽·康奈利是米萨里科迪亚——一个天主教慈善组织的执行主任。该组织有超过 1000 名工作人员，为大约 600 名残障儿童和成人提供服务。米萨里科迪亚位于芝加哥一个占地 31 英亩的校园内，其组织使命是通过提供一种培育灵性、尊严的高生活质量环境，培养并提高特殊需求人群的独立生活能力和自我决策能力。米萨里科迪亚的客户来自不同种族、宗教和社会经济背景。这里的餐厅、礼品店、面包店，全部由残障员工运营。罗斯玛丽修女是米萨里科迪亚最受爱戴的领导者，同时也是机构的主要筹款人及理念倡导者。

关于罗斯玛丽修女的故事数不胜数。下面是她将自信与外交完美结合的小故事。几年前，芝加哥市市长拉姆·伊曼纽尔决定向全市非营利组织收取城市供水系统使用费。为此，米萨里科迪亚的账单上立刻多了 30 万美元的支出。此后不久，罗斯玛丽修女邀请市长参加在米萨里科迪亚举行的慈善筹款早餐会，并请他做主题演讲。活动开始时，修女拿起麦克风告诉大家说，因为机构无法负担市长征收的新水费，所以在座各位不得不在没有饮水和饮品的情况下享用早餐。然后，她的眼睛闪着光芒，为大家介绍身旁红着脸的市长。本以强硬威吓风格闻名的市长，此刻却结结巴巴，尴尬至极，甚至开始自嘲。

其实，这俩人的关系十分友好。几年之后，伊曼纽尔市长戴上厨师帽，在米萨里科迪亚的募捐活动中制作法式土司，他的法式土司在活动中广受赞誉。尽管二人十分要好，但伊曼纽尔市长称罗斯玛丽修女是唯一一个能将他"吓得屁滚尿流"的人。

你可以圆滑又强硬

身为一名领导者，你需要将自信与外交结合起来，成为一个有说服力的沟通者。你要让人们去做事，而不是让他们生气。换句话说，你必须是一个天鹅绒锤子：足够圆滑，不会引起他人怨恨，但足以激发他人行动。良好的沟通，要求言行合一，以及足够的自信与谦逊。外交则需要你的措辞充满尊重和深思熟虑。但如果你将沟通重点放在外交手段上，你的沟通内容就会被淡化，因为人们会认为你是一个软弱的人。如果你过于自信，则会伤害到他人情感，让人心生不满。作为一名"天鹅绒锤子"，你要确保自己像外交官一样老练自信，这样才能让他人毫无抗拒地为你做事。以下是一些小建议：

> **停止言语暴力。**你不应该为自己"残酷的诚实"骄傲。

为什么要在诚实中加入暴力呢？那些喜欢"残酷的诚实"的人通常都是傲慢自大者，他们要么对自己造成的伤害无意识，要么毫不在乎。你只需要花几秒钟时间，考虑一下措辞，就能降低言语引发的伤害和风险，让沟通产生截然不同的积极效果。

➢ **使用对方易于接受的语言**。你言词要么被接受，要么被迅速抵御。有效沟通的目的是让人们接受不同，所以，使用对方易于接受的词汇和表达方式十分重要。下面是一些你可以使用的"天鹅绒"表达方式：

- 你如何看待这种情况？你从中看到了什么？
- 请多谈谈你的观点，这能帮助我更好地理解。
- 让我们一起找到正确答案，所以我想听听你的见解。你怎么认为呢？
- 我很欣赏你的观点，还有其他想法和意见吗？

➢ **沟通要精确**。当你的话语中更多的是锤子而不是丝绒时，你的措辞一定要准确。比起"你要让我的进度能跟上整体计划"这样的表述，下面的沟通方式无疑更好："你和你的团队需要按时向客户交付这个项目，这非常重要，因为我们的合同规定了对延期的严重惩罚。在接下来的两周内，我需要你在每天下午4点给我电话，我们可以一起回顾每天工作进展，评估团队的需求。"

> **BEER 方法**。反馈有两种形式：建设性的和破坏性的。破坏性反馈是情感的、非理性的。为保持反馈的建设性，请使用由领导力博主丹·麦卡锡开发的 BEER 方法：

- 行为（Behavior）：我注意到你最后三次报告都迟交了。
- 影响（Effect）：你迟交报告，会延缓其他人的工作，让你和你的同事失去信誉。
- 期待（Expectation）：在接下来的六个月内，我需要你在最后期限前三天将报告交给我。
- 结果（Result）：按时提交报告有助于重建你我之间的信任。

真实的骗子

想象一下，你领导的团队从 5 个人迅速发展到 80 人，结果会如何呢？这是麦克·卡利汉的真实遭遇。他是奥尔德里奇电力公司——一家总部位于芝加哥的国家基础设施建设公司的高级管理人员。麦克曾是公司项目经理，管理小型电力项目。他曾帮助起草一份由伊利诺伊州交通部提出的项目方案。谈到申请该项目时,他说:"这是个漫长的过程,因为我们没有管理这种类型、规模项目的经验。"但最终,奥尔德里奇电力公司赢得了合同,而麦克则被任命为这个庞大项目的领导者。这意味着,他要领导一个16倍于之前的团队。

麦克当时反应是这样的:"一开始,我根本不知道自己在做什么,脑中一团乱。"当被问及他是如何从5人团队经理变为80人团队领导者时,他回答说:"有时候你不得不假装,直到获得成功。你不是带着技能来工作,你是在工作中学习技能。"

许多领导力发展书籍都强调真实性的重要性。但你的下属想知道的是,你并没有被领导权力冲昏头;他们想要知道,你明白领导是一种特权,而不是一种享受;他们想要知道,你还记得你的根在哪里,你没有忘记你的过去。简而言之,他们想要知道,你是真实的。

领导不仅仅是一种行为方式,它还是一种角色。当你身处领导者职位,你必须扮演这个角色。你向别人展示的东西,是基于角色和他人需要的,而不是你真正感受的。例如,公司正在进行一项大规模收购,这让员工们倍感恐慌,如果你也表现得很焦虑,那只会让下属们更加沮丧。所以你必须隐藏你的真情实感。你所表达的和真实感觉可能并不一致。你不能以人们现在的状态进行领导，而是要以他们的目标和发展方向进行领导。这意味着，你的领导风范要能平衡追随者们的情绪波动：当他们感到害怕时，你要表现出自信和决心；当他们感到自满、冷漠时，你要表现出担忧。你表现的可能不是真实的，但却是人们需要的。

真实的不真实

欺骗的关键，是避免沉溺于领导力角色中。你不能表现得像个莎士比亚戏剧演员，你要真实、不做作。当你不知道某事时，你仍然要保持诚实，只是时不时地掩饰一下自己的真实感受。如果你能坚持这么做，你会发现工作开始与结束时的感觉截然相反：在你负责大型项目开始时，你充满了恐惧，但你将自己的焦虑隐藏起来，向别人展示自己积极自信的一面。随着对项目的投入，你的信心逐渐高涨，就像麦克那样，装着装着就变成真的了。

感觉自己在伪装，这对你的职业生涯来说十分重要。对领导者来说，经常有一种会被揭穿的感觉，这是正常的。没有哪名领导者能够解决所有问题，所以需要大量的即兴发挥，编造很多不存在的东西。员工需要视你为有能力的人，他们不期待你拥有所有答案，只是希望你不回避问题。你被选为领导者的原因之一就是：去做（去表演）。下面是一些让你成为"真实的骗子"的建议：

> **让他们看到你。** 人们需要知道你在工作之外拥有自己的生活，就像他们一样。他们需要看到你的非工作身份。你要偶尔分享一些家庭生活故事，在工作空间摆放一些生活照片，让人们知道你闲余时间喜欢做什么。当你暂时离开领导角色时，向别人展示真实的你。

> **探索不自信的过去。** 回想一下曾让你头昏脑涨的职业生涯，并思考：具体情况/机遇如何，你是如何参与其中的？你是如何处理自己缺乏信心这件事的？随着形势/机遇的发展，你的信心如何变化？周围其他人能够轻易看透你吗？如果未来遇到类似困境，这段经历可以为你带来怎样的经验或参考？

> **明确 B 点。** 领导者经常需要带领手下从 A 点移动到 B 点。通常情况下，B 点成功方式与 A 点是不同的。拿一支笔，在纸上画下 A 点（现在位置）、B 点（未来目标），用一根直线将它们连起来。然后在 A 点和 B 点旁写上各自成功所需的方法。身为领导者，你需要在他人之前尝试、实践 B 点成功所需方法，这样你的追随者们才能从你身上获得经验和线索。

你被选为领导者的原因之一就是：去做（去表演）。

一位领导者需要时间和经验才能成为熟练的忠诚反叛者、天鹅绒锤子以及真实的骗子。一般来说，想要尝试这些角色，你需要忍受大量痛苦。但是，熟练使用这些角色，可以让你的屁股不再挨踢。因为它们是真正自信与谦逊的表达。能够熟练驾驭这些角色，也证明你已经成为领导者，一名经历过自信危机（过度自信或缺乏自信），在挨踢后能够迅速吸收成长的真正领导者。

在本书的最后一部分，你将学会如何踢自己的屁股，这样你就能脚踏实地，保持谦逊。你会发现，挨踢带来的羞辱拥有一种救赎力量，能够帮助你重新找回藏在心底深处的美好。当你专注于成为一名正直的"优秀领导者"时，你的正直将会传播，你的领导影响力也会随之增长，你将会更加享受领导这件事。

Part 4

如何保持良好的领导力

正如不健身、不运动，就无法保持身体健康一样，只有不断评估领导力影响，才能保证领导力的健康。防止未来挨踢的最好方法，就是远离傲慢和软弱。这意味着你需要经常踢自己的屁股。这样做的好处是，你对他人及自己的尊重会不断提高。最重要的是，领导力是以个性为基础的。如果你不是好人（这意味着你对自己和他人都好），你也无法当一名好领导。

最后一部分包括：

- 勇气与自我意识、自我审查之间的关系
- 有意识地脱离舒适区对领导力成长的重要性
- 为什么说每名领导者都需要至少一个"首席自我监察官"
- 如何善意、正直地领导

世界需要更多优秀的领导者，最后一部分将介绍如何保持良好领导力。

第九章　重新定义自己的领导力

> 领导力第一条规则：一切都是你的错。
>
> ——霍珀，《虫虫危机》（*A Bug's Life*）

如果人们同意你说的任何事，那岂不是太好了？如果人们做了你想做的事情，那生活岂不是没有摩擦？如果世界都围绕着你转，那一切是不是都进行得很顺利？嗯，如果人们迎合你的所有需求、同意你的所有意见，以及不断给你所有值得的掌声，那么你就可以主导生活。

但不幸的是，一个没有困境的世界只存在于你甜美的梦中。对一个如此为难自己的世界来说，你的担忧不算什么。

领导力第一法则是：它与你无关。领导力中最重要的是被领导者和组织。因此，你越关注他人，你就会变得越好。屁股挨踢的价值在于，它让你眼里不再只有自己。它会缩小你的自我，让你多加关注他人。挨踢非常重要，如果你的自我还没有经过调整，那你应该穿上靴子，给自己的屁股狠狠来上一脚。

怎么，你还需要更多理由？冷静地评估、挑战你自己的领导能力，是防止别人踢你屁股的最好方式。你的下属值得更好的领导，自我意识是健康领导的基础，这些理由还不够吗？踢自己的屁股，并不需要你做什么高难动作，下面是我的建议。

领导力第一法则是：它与你无关。

从勇气开始

亚里士多德把勇气称为"第一美德"，因为它使其他美德成为可能；伟大作家、神学家C.S.刘易斯说，勇气不仅仅是美德之一，它还是所有美德的试金石；天主教会则认为勇气是四种基本美德之一。对领导力来说，勇气是领导的第一美德，因为勇气是领导力中人性和决心的来源。

吉姆·库泽斯和巴里·波斯纳是诸多领导力畅销书籍的作者，他们认为："没有勇气，领导力就无法实现。"领导者必须做出一些让人抵制的决定，这需要勇气；为了他人的成长，领导者必须将他们推出舒适区，这需要勇气（对双方来说都是)。在其他方面,比如面对持续挑战、提高业绩标准、集结组织资源、平衡矛盾需求、培养接班人、创造发展机遇、取得工作成果,这些都需要领导者的勇气。当进行这些工作时,领导者必须体现并坚持原则、价值观与组织愿景。他们必须成为勇敢行动的榜样。

在踢自己屁股之前,你要郑重承诺你会以勇气进行领导,这对你的未来是有好处的。下面是在领导力研讨会上,我要求领导者学员们回答的一些问题:

- 你的领导方式中哪些过于保守?这种保守是如何阻碍你的事业前进、你的领导力发展的?你能采用怎样的勇敢行为来平衡过于保守带来的负面影响?
- 勇气为了什么而存在?如何利用勇气加强你的领导、提高你的生活质量?
- 你最近犯的一次错误是什么?
- 你上一次尝试新事物是什么时候?距离上次尝试新事物有多久了?这周你可以尝试什么新事物?

走出舒适区

领导者的主要工作就是让别人感觉不舒服。因为不管是人，还是组织，都不会在舒适区中成长。通过让人们身处不适，领导者们在帮助他们远离冷漠与自满的同时，确保他们获得能力上的发展。从本质上说，改变是一件让人不舒服的事，领导者们也常常因为带来改变饱受指责。但最终，人们会适应这种不适感。但是领导者推出舒适区的第一人，就是自己。

弗吉尼亚·"吉尼"·罗梅蒂——IBM 的首席执行官曾说过："成长和舒适无法共存。如果你想要充满活力的职业生涯，你就必须潜入深水游弋。"在成为公司首席执行官之前，罗梅蒂的新领导角色一度让她感觉十分无力。这种境遇激励她开始全面学习、提高业务水平，最终获得长足进步与成长，并接替了她的前任彭明盛，成为 IBM 首席执行官。

> 领导者的主要工作就是让别人感觉不舒服。因为不管是人，还是组织，都不会在舒适区中成长。

身为一名领导者,为确保你的领导力处于正轨,你需要时不时地"抖擞"一下。这里说的"抖擞",并不是指增量完成工作,也不是增加下属数量。而是每隔三四年,你要有意识地大胆行动,以此来抖擞精神、重振雄风,保持自己领导才能的新鲜度,例如,加入社区志愿组织进行社区服务,调动到另一个部门就职,或者加入一个非营利组织的董事会。在某些特殊情况下,你也可以离开你成长的组织。这样做的目的是有目的地让自己感觉不适,进而不断成长,成为一名真正的领导者。

大多数领导者不是在策划大胆行动,就是在大胆行动之中。那么你呢?你在考虑或实施的大胆行动是什么?更重要的是,这个行动是否有足够的不适能够促进你的成长?请使用下面的图表判断这个行动的不适感。只有你才能决定自己要承受多大的不适。如果你的行动没有让你不适,那这就不是大胆的行动。你需要做一些更加大胆的事情,让自己振作起来。

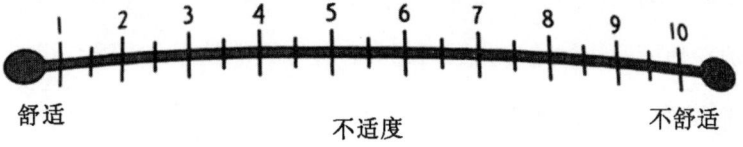

任命首席自我监察官

当你处于领导地位时，人们往往会给予你过分的溺爱。所以，每一位领导者都要与几位不会宠溺自己的重要人物保持亲密关系。下面是来自我生活的一个小故事：有一天，我从办公室回到家，兴高采烈地向我妻子展示我在《TD 杂志》（*TD Magazine*，美国人才发展协会的行业出版物）上的会议照片，然后又翻了几页，给她展示我在另一个会议中的照片，然后以一种"你看我多棒"的眼神看着她。她慢慢地做了一个鬼脸，然后以婚姻中常见的那种讨厌语气对我说："去剪你的鼻毛！"瞬间，我头脑中的膨胀感一下都消散无踪。

每个人都需要他人帮助控制自我。你需要一个能够举起镜子，让你认清自己的人；你需要（至少）一个能对你的自我欺骗大加抨击的人。你要爱他、珍惜他，让他自由地踢你的屁股。他能够让你的自我远离怒火，让你的谦逊不会沉睡。我们都需要一个提醒我们鼻毛太长的人。

挨踢后的华丽逆转：恫吓版

  在美国，很少有教堂像西波罗浸信会那样受到广泛谴责。西波罗浸信会教众不仅仅是传统主义者，他们还是臭名昭著的仇恨散播者。他们因以在海外牺牲的士兵葬礼游行而出名，游行时教徒举着恐同标语，如"上帝讨厌基佬"。西波罗浸信会并不隶属于任何宗教机构，但其教徒认为自己是"原始浸信会"，此外他们还反犹太人、反天主教、反穆斯林、反美士兵，尤其是反 LGBTQ 群体①。

  西波罗浸信会由弗雷德·菲尔普斯创立，他在创立教会之前曾是民主党员和民权律师。有一天，他的两个 10 岁不到孙子，据说在堪萨斯州托皮卡的一个公园里被一些据称是同性恋的人骚扰。菲尔普斯呼吁市议会对此做些事情。但市议会的不作为让他感到不满，他开始自行进行纠察，并鼓励他的家人也这样做。不久之后，他的抗议变得更加偏执和尖刻。正是在这种环境下，弗雷德·菲尔普斯的孙女利比·菲尔普斯-阿尔维成长为教会的忠实成员。在一位士兵的葬礼上，她举着一块写有"感谢上帝让士兵死去"的牌子示威抗议。

---

  ① LGBTQ 是女同性恋者（Lesbians）、男同性恋者（Gays）、双性恋者（Bisexuals）、跨性别者（Transgender）与"酷儿"（Queer）的英文首字母缩略字。——译者注

利比住在一个充满西波罗浸信会成员的生活空间中，但她慢慢地看到了外面的世界，并开始改变。她在堪萨斯大学医学中心攻读博士学位，学习物理疗法。她结交了不少朋友，甚至有一位疑似同性恋的人，但他似乎并不邪恶。

在波多黎各的抗议之旅结束后，30名教会成员聚集在一起，严厉地指责利比在海滩穿比基尼的行为。他们声称，利比最好改变她那邪恶的生活方式，否则就会像同性恋一样下地狱！这是利比第一次亲身领受教会的疯狂正义。

利比忍无可忍，两天后，她溜出了自己的房子，离开了教堂。她心里明白，如果你祈祷他人去死，你就不配称自己为基督徒——而西波罗浸信会教徒却常常这么做。

利比公开谴责西波罗浸信会及其偏激的信仰，但在此后一段时间内，她总感觉上帝恨她。随着时间推移，这种感觉慢慢地消失了。她开始感受世界的美好与开放。神圣的转变在她身上出现。我们知道，领导力的定义之一，是用自己的影响力帮助他人。今天，利比是LGBTQ社区的支持者，她正在与非营利组织"种植和平"（Planting Peace）合作，在西波罗浸信会教堂对面街道上建造一所彩虹色房子。她说：我仍信仰上帝，只是觉得他现在更宽容了。

> *消息来源：利比·菲尔普斯-阿尔维，《我离开西波罗浸信会，现在为同性恋权利奋斗》，纽约邮报，2013年4月16日，http://nypost.com/2013/04/16/i-left-westboro-and-now-im-fighting-for-gay-equality/；柯蒂斯·王《西波罗浸信会创始人的孙女利比·菲尔普斯抗议加州反同性恋婚姻法案》，赫芬顿邮报，2014年6月6日，http://www.huffingtonpost.com/2014/06/12/1ibby-phelps-noh8-campaign-_n_5488923.html 。

保持疼痛感

你踢自己屁股越多，别人能踢你的机会就越少。这一章为你介绍的是一种保持领导力健康的方法，可以让你以谦逊为基础，保持自我意识。这里有一些其他踢自己屁股的方式：

➢ **雇一个领导力教练**。伟大的音乐家和运动员都有教练，为什么你不能有呢？教练可以帮助缩小你和理想领导榜样之间的差距。

➢ **寻求深层次反馈**。进行360度领导力反馈评估，这是保持自我意识的好方法。只要你不挑剔给你评分的人，你就能从中收获经验、获得成长。如果有一名合格的领导力教练帮助你进行评估，效果会更好，毕竟反馈往往会令你痛苦不堪。

➢ **使用魔咒**。你可以使用自我对话来保持自我意识。每一天，你都要提醒自己，你的工作重点应该放在你所领导的人身上。心里对自己说，"领导与我无关"，或者"别自以为是"。

➢ **寻找其他领导者**。如果你不了解领导力，又怎么能成为好的领导者呢？通过简单的谷歌搜索，你可以找到许多很棒的领导力研讨会，你可以在那里学到更多领导力知识，并与其他领导者互动。我最喜欢的活动，是《财富》杂志的领导力峰会。

➢ **为更多人服务**。每位领导者都应该有（至少）一个可以让自己悄然融入的社区。尤其是对强势的"指导"型领导者来说，有一个可以让自己走下神坛的地方，是十分重要的。你可以以不显眼的方式进行服务，比如在教堂传递篮子，或者为慈善早餐活动做煎饼，又或者在花园俱乐部里除草。做一个好的追随者，能够让你成为一个更加脚踏实地的领导者。

第十章　实践正向领导力

如果你因为自己的问题去踢别人的屁股，那你的职位坐不到一个月。

——西奥多·罗斯福

优秀的领导始于好的自己

领导力话题可能会让你困惑不已。身为一名领导者，你应该是大胆的、充满激情的、理性的、感性的、有干劲的、有耐心的、有原则的、灵活的、有竞争力的、善于合作的、有战略战术头脑的、自信的、谦逊的。面对这些经常互相冲突的特性，你不禁会问：我到底应该从哪里开始？

在我与初级领导者的合作中，常听到这个问题。尤其是新领导者，他们对于如何成为一名好的领导者，往往有各自不同的意见。我对新手领导者们的建议很简单：优秀的领导，开始于好的自己。当提到优秀的领导者（good leader）这两个单词时，第一个词先于第二个词出现。所以你想成为一名优秀的领导者？首先你要做一个好人。

做个好人

领导力是一项"内部"工作。在你能领导他人之前，你必须先在内心中领导好自己。领导力以内在善意开始，换句话说，正直。善意不是什么虚无缥缈的哲学概念，它是看得见、感受得到的具体表现。当你人很好时，别人会相信你，他们知道你不会欺骗他们、泄露他们的秘密，或者虐待他们。他们知道你会考虑他们的利益，倾听他们的声音，与他们慷慨分享，并且给予他们尊重。善意是追随者们是否信任你的决定性因素，而信任对领导力来说至关重要。人们信任你时，会更努力地为你工作，对你更加忠诚。最重要的是，他们也会表现得更加正直。信任会产生信任，当你以善意行事，它就会成为对他人的行动邀请，同时也会加强彼此之间的信任。

你想成为一名优秀的领导者？首先你要做一个好人。

大多数人都认为自己是好人，但当善良被破坏时，我们也往往对自己更加宽容。想象一下，你在上班的路上停下车，买了一杯咖啡。行驶出一英里后你才意识到，收银员多找了你10美元。你会调转车头去还钱吗？如果去还钱意味着会议迟到呢？如果会议是你老板主持的呢？如果收银员态度对你有一点点不友好呢？你该怎么办？

珍惜你的善良

如果对自己的善良没有定义，那你就很难成为一个好人。当一个好人，意味着你的行为要与价值观保持一致，那么你首先应该明确你的价值观：

- 你最重视的价值观是什么？
- 哪些价值观是不可妥协的？并为之定义一个你会永远坚持的界限。
- 你认为你最想体现的价值观是什么？哪些价值观是你缺

乏的？你生活中和工作中的价值观是否一致？你怎么知道这些的？

当你拥有一套清晰的价值观时，你的动机、言语和行动就会体现出你的正直个性。好的领导者我们一眼就能分辨出来，因为他们的行为体现了一致性、公平性和合理性。我们和他在一起时，他的全部精力都会放在我们身上。他对我们与自己一视同仁，哪怕他身处公司最高层。在他的周围，我们从不感觉渺小；我们不怕接近他或向他提问。我们知道他尊重我们和自己。当我们进入领导角色时，我们不由自主地进入他的领导模式——他是如何进行自我管理的，是如何权衡、做出决定的，是如何对待我们和他人的。我们希望有一天能和他一样好。

同样，当我们遇到一个不好的领导者，当他滥用公司政策，偏袒某名员工，或者拒绝承认失败时，我们就会发觉他的本质。我们会听到他的讥讽与嘲笑；我们会感觉到他体内的焦虑与压力；我们在他周围都要踮着脚尖走，生怕一个不小心惹怒他。的确，我们听他谈论过他的价值观，可他的行为与其相悖。与他相处后，我们觉得自己更加渺小，能力更差，对自己在组织中的地位也愈加不明确。他让我们感到害怕，缺乏自信。当然，我们也会从这样的领导者身上学到珍贵的教训：如何不去领导。

做好自己并不容易

领导者们的处境，会一直诱惑他们进行牺牲善良的妥协。向上的路是正确的，却也是困难的。当你面对一个偷奸耍滑的员工、一位背叛你的同事，或者尖酸刻薄的老板时，向下的路似乎更加有吸引力。面对无时无刻的压力，阻力最小的途径就是屈服于诱惑，做出妥协，但这也意味着会削弱你的领导力，把你带入自私的深渊。他们做得不好，但我为什么要像他们一样呢？成就优秀的领导者，体现他们的价值观，让他们成为榜样、激励他人，所有这一些都来自于一点：当所有这些挫折都被克服时，我就会成为一名更好的领导者。

这并不是说如果你的领导力已经偏离善良之路，你就无法回头。领导者的路途经常是从善到恶，又从恶到善。关键时刻的一踢，可以为你提供有力支撑，因为它会让你意识到你的领导力并不像想象中那样美好。通常，最真实、最有影响力的领导者，往往是曾经行走在邪路上，又被一脚踢回善良之路的家伙们。

例如，我曾参加一位人力资源高级副总裁的葬礼。他生前过度饮酒，这不仅导致了离婚，还对他的事业造成了重创。他的行为让公司很难堪，甚至有一次，他醉倒在方向盘后。经过仔细观察，他的老板开始出面干预。老板告诉他，要么去治疗中心戒酒，公司为他支付所有费用，要么他将失去工作。这恰当的一脚，拯救了这位副总裁的生活和事业。他进入了康复中心，一个月后离开，并开始进行十二步康复计划。他不仅保住了自己的工作，还在公司内外赢得了良好的声誉。20年后，在他去世前，已资助20人脱离酗酒，回归人生正路。在葬礼的教堂里，坐满了被他善良所感动的人。

不幸的是，对于平庸、妥协的坏领导者来说，没有什么康复计划。对于猪头型和弱鸡型领导者来说，也没有什么神奇的治疗中心。如果放任不管，那些令人生畏的、控制欲强的、软弱无力的、道德上左右摇摆的领导者，只会变得更糟。只有在他们的屁股上狠狠踢上一脚，才能让他们发生转变，重拾善良与谦逊。当你从耻辱的一踢中吸取所有经验教训，你就会成为一名对自己忠诚的好领导。你会意识到，哪怕面对来自领导领域的所有压力、挫折和诱惑，你也会坚守自己的善良与理想，永不妥协。你要知道，你不是在面对挑战时变得优秀，而是要以更加优秀的自己去迎接更多挑战。踢击的救赎力量能够让你的内心与善良同行，你是一个很好的人，这意味着你可以成为一个很好的领导者。

如果放任不管，那些令人生畏的、控制欲强的、软弱无力的、道德上左右摇摆的领导者，只会变得更糟。

尊重每个人，包括你自己

关于善良的很多行为都会归结到善待自己与善待他人。善良是二者共同作用的结果，但它从如何对待自己开始。你是否尊重自己，比如保持健康、饮食节制，为自己保留独处时间，大力投资于自我发展？或者你做的恰恰相反，抽烟、酗酒、吃快餐，为不完成工作找借口，从不留出自我时间，无视自己的职业发展？如果你是追随者，你会选择哪种领导者，尊重自己的，还是不尊重自己的？

如果你尊重自己，那么尊重他人就会更加容易。当你处于领导职位时，尊重他人不仅仅是一件正确的事，还非常实用。你越尊重他人，他们越忠诚于你和你委派的任务。那么，如何尊重他人呢？请求、重视、跟进他们的投入，与他们一对一地进行交谈，了解他们的需求、问题和抱负。同样，你也要对他们忠诚，尤其是他们被外界指责时。此外，你要对自己的期待保持清醒的认识，你要与他人平等相处，并为他们提供定期绩效反馈。尊重他人意味着相信他人，让他们了解你，了解你的行为。你愿意为哪种领导者工作呢？善待你的领导者，或者相反？更重要的是，你的手下如何看待自己与你的关系呢？

当你善待自己和他人时，领导力就会开花结果。我管这叫作"领导之善"，这是自信和谦逊的结合点：你相信自己、相信他人、相信每个人都很重要。当你以此为基础进行领导时，你就是在以正直、公平和健康的情绪进行领导。每个人都应该以此为基础进行领导。

	好的领导 我尊重你 我尊重我自己	
弱鸡型领导 我尊重你 我不尊重我自己		**猪头型领导** 我尊重我自己 我不尊重你
	可怜型领导 我不尊重你 我不尊重我自己	

整合经验教训

这本书能教授给你的最重要课程就是：挨踢多半是你自找的，是外界对你糟糕领导力的反馈。是否能成为好领导，要看你是否能够从困境中吸取经验教训。虽然大部分情况下，踢你的另有其人，但有时候对你下脚的就是你自己。傲慢、自负、控制欲强的领导者让人厌恶，却很常见。同样，胆怯、犹豫和软弱也是如此。这些糟糕的领导行为随处可见，所以屁股挨踢这种事情也屡见不鲜。但是，如果你能将这些经验教训整合起来，运用到未来的工作中，你就会成为一名优秀的领导者。

在你整合经验教训后，踢屁股的好处在于，它可以丰富你的领导力，让你的领导力维度更广阔，更具洞察力。现在，你的领导力将从自我怀疑、自私自利中解放出来。你将更好地将他人的特质和缺陷结合起来，因为你知道，这同样反映了你自己。你将会基于原则，而不是私利或便利来做决定。你将会更关注他人的需求和愿望，作为一个真正关心他们利益的同盟者去倾听。你将会更加具有同情心、容忍度，更谦逊。所有的这些都出人意料地增强了你的领导力的影响。你的领导力越有影响力,你就会获得越多的自信。通过整合你曾经的不好的行为并从中学习,你将会成为一名优秀的领导者。

挨踢后的华丽逆转:总统版

或许没有人能比切斯特·亚瑟更有资格成为美国副总统。他从未当选过公职,是一名众所周知的政治掮客。他甚至因为腐败调查而丢掉了美国纽约港海关的工作,要知道,那是当时全美政府部门薪水最高的工作。

亚瑟拥有一位神通广大的伙伴:参议员罗斯科·康克林,他是纽约共和党残酷无情的领袖。当初正是康克林将亚瑟安置进海关工作。在总统选举临近前,康克林与共和党候选人詹姆斯·加菲尔德达成了一项协议:加菲尔德接受亚瑟作为自己的竞选伙伴,相应地,康克林确保他获得所有纽约的选票。当时,亚瑟是共和党反改革派的坚定拥护者。随后,加菲尔德获得共和党提名,并赢得总统宝座,而亚瑟则当上了副总统。此时,康克林掌握了反改革派的关键人物,这让他有了保护自己利益的最大资本。实际上,在就职日前,亚瑟一直生活在康克林的家中。随后,发生了一件可怕的事:加菲尔德被一个疯子杀了。

"亚瑟现在成为总统了!"

加菲尔德卧床弥留三个月后撒手人寰。而康克林和亚瑟则是最大的嫌疑人。报纸头条绘声绘色地描述亚瑟是如何领导凶徒刺杀加菲尔德,以及如何通过阻挠政府改革来帮助康克林攫取利益的。

此时,一件奇妙的事情发生了:亚瑟幡然悔悟,重拾良善之心。他收到了一封来自茱莉亚·桑德的信。桑德是一位卧床不起、几乎全聋的病人。此前亚瑟并不认识她。在第一封信中,茱莉亚描述自己是一个"可怜的小女人",生命中已无什么乐趣或安慰,除了"骂一骂大人物"。此时,桑德成了亚瑟的导师、他的良心、他的当头棒喝。她的信件一次又一次击打在亚瑟的心头:"人们哭泣悲痛,不是因为加菲尔德正在离去,而是因为你是他的继任者。"

一封封的信件唤醒了亚瑟的良知。在整个国家都不相信亚瑟的情况下,桑德依然坚信亚瑟内心中也有善良的一面。"现在整个国家陷入危机。"她在信中写道,"你内心的善良与慷慨已经沉睡了半生,如果你身上真有高贵的火花,现在就是它闪耀的时刻。"她接着说道,"去做更难、更勇敢的事。改革!"

亚瑟的父亲是浸信会牧师,一名直言不讳的废奴主义者。亚瑟继承了父亲的废奴主义价值观,并成了一名律师。美国黑人民权运动先驱伊丽莎白·詹尼斯·格雷厄姆是亚瑟的客户之一，她因为是黑人而被剥夺有轨电车上的座位。这个案子在亚瑟的领导下取得了胜利，并引领整个纽约市交通系统废除种族隔离。

在担任总统期间，桑德一共给亚瑟写了23封信，让他重拾内心的善良，激励他以更高尚的自我进行领导。在康克林和共和党的失望中，亚瑟长期、持续地对腐败和庇护制度进行打击，这一举动进一步提升了他的权力。身为总统的亚瑟，再也不是在海关中饱私囊的那个人了，他清明廉洁、恪尽职守，制定了引人注目的公务员制度，否决了政治拨款项目，取缔了从政府工人薪金中提取竞选献金的做法。

历史学家认为，正是桑德的信件促使了亚瑟的转变。这些信件对亚瑟来说非常重要，他把它们保存在一个特殊档案内，直到1958年才被发现。

这真是一次令人瞩目的强势回归。一个没有投票权力的残障妇女，帮助美国总统回归内心，并引发一系列国内改革。是什么赋予她给予美国总统建议的资格？公民权利、爱国、常识以及正直的个性？简单来说：领导力。

> *消息来源：莉莲·坎宁安，《美国总统切斯特·亚瑟的救赎》，华盛顿邮报，2016 年 5 月 29 日，https://www.washingtonpost.com/news/on-leadership/wp/2016/05/29/the-redemption-of-president-chester-a-arthur/；詹姆斯·马歇尔，《传奇道德故事：茱莉亚·桑德如何拯救美国总统并改变这个国家》，伦理警报，2015 年 3 月 6 日，https://ethicsalarms.com/2015103/06/ethics-tales-how-julia-sand-saved-a-president-and-changed-the-nation/。

让自己变得更好

世界需要更多的优秀领导者，这也就是说，世界也需要你成为一名优秀领导者。最重要的是，你需要自己成为一名优秀领导者。以善良进行领导，是一种健康的领导方式。你越注重成为一名优秀的领导者，你挨踢的可能性就会越小。保持你的良善之心，可以让你以正直、感恩和无私进行领导。这需要你适应环境对自己情绪的影响，不能被周围人动摇——这意味着，当你被他人情绪包围时，依旧能够清楚地感知自己。

最后，对今天的领导者们来说最有用的好东西，也同样被昨天的领导者们珍视：激情、远见、尊重、品格、骨气、谦逊、勤奋，这些都是古老而又奇妙的当代领导理念。如果你以这些品质出发进行领导，你会做得更好。

如果你不想成为一名做好事的领导者，那你最好退到一边。毫无尊重之心的领导者们已经将这个世界糟蹋得不成样子，没必要再增加一名。我打赌，你会尽一切努力成为一名真正的优秀领导者；否则，你也不会将本书通读。下面是10条让你言语诚实、动机纯洁、领导健康的小建议。它们可以让你免除挨踢之痛，帮助你成为人们喜欢和世界需要的好领导。

➢ **从缺点开始**。通过探索自己的缺点开始，回顾职业生涯中令你遗憾的那些事，想想那些你希望能重来一次的情景。为什么你对当初的行为感到羞愧？那些行为对你和你的人性有什么影响？你想要改变什么？这些改变如何对你的领导产生积极影响？

➢ **回顾挨踢事件**。列出你在职业生涯中所有挨踢的情景。在什么情况下发生的？谁踢的你？你自己有什么过错？你从中吸取到什么教训？这些教训对你的领导有什么影响？

➢ **邀请他人反馈**。防止健忘的最佳方式，就是获得他人反馈。这是你踢自己屁股的方式之一。如果你的组织中有360度反馈评估，你可以主动要求进行。如果没有，你可以发送一封简单的电子邮件给你信任的人，邀请他们评估你。不要挑剔，选择那些对你诚实的人。问他们：

- 你如何评价我的领导力强度？
- 分享一个你觉得我领导得好的情景。
- 分享一个你觉得我领导得不好的情景。
- 你有什么可以帮我提升领导力的建议？

➢ **和善良的人待在一起。** 多花些时间与你欣赏的优秀领导者在一起，观察他们如何处理决策、压力，如何对待他人。他们值得你效仿吗？让他们与你分享他们的领导故事。他们忍受了多少苦难？克服了哪些障碍？获得了哪些成绩？他们从中学到什么教训？他们如何成为今天的领导者？他们有什么实用建议可以帮助你成为一名更优秀的领导者吗？

➢ **用善良直面困境。** 当面对困境或者表现不佳者时，你要表现出自己的善良。不是自以为是或假仁假义，而是要用真实的你面对他们。告诉他们你也并不是完美的，分享你犯下的离谱错误，以此卸下他们的心防。仔细倾听，让他们知道你会帮助他们脱离困境。你表现得像个成人，就会唤醒他们体内的成人。

➢ **承认错误。** 当你犯错时，马上承认。真实的悔悟可以获得他人的谅解。当你诚实面对自己错误时，人们就知道你是值得信任的。当然，前提是你不会再犯同样的错。

➢ **发展自己的领导观点**。为自己进行思考。每周至少一次，离开所有的电子设备，选择一个组织内部的热门话题或重大决策进行思考。你的观点是什么？你的观点和其他人有什么相似点或不同？你怎样自信而谦逊地与他人分享你的领导力观点？

➢ **选择向上的路**。尊重地领导，以正直、礼貌的方式对待他人。权力并不会让人变得不友善。当面对过高压力，或者讨厌的人时，弯下你的腰不会让情况变好，只会让你后悔。当向上的路变得艰难时，继续向上寻找通途。

➢ **善待他人**。领导力与领导者无关，它是关于那些被领导者的。作为领导者，你的工作就是让你的组织变得更好，让你的追随者变得更好。你需要通过后者做到前者。你要集中精力改善你手下的境遇，不断为他们制造机会，让他们成长、发展、超越自己。问问你自己，他们的需求是什么？怎样才能实现这些需求？他们的痛苦是什么？怎样才能帮助他们减轻痛苦？他们需要我怎样进行领导？

➢ **善待自己**。如果你想成为一名优秀的领导者，就要对自己好一些。记住：对自己忠诚。腾出时间来娱乐、锻炼、成为自己。如果你需要减肥、戒烟或者健身，那就去找个专业教练。善待自己是自尊的第一标志。如果你都不尊重自己，为什么又要别人尊重你呢？

世界需要更多优秀的领导者。这也就是说，世界也需要你成为一名优秀的领导者；最重要的是，你需要自己成为一名优秀的领导者。以善良进行领导，是一种健康的领导方式。

最后，请记住，你是唯一一个可以与你自己共度一生的人。从第一口呼吸直至死亡，你是与自我相伴相行的灵魂，和一个值得花时间相处的人在一起非常重要。对自己觉得舒适满意，这种状态可以让你做正确的事，进行正确的选择，尤其是面对困境时。你可以把事情搞砸，因为你并不是完美的。偶尔生气、发怒、表现得不理性，这些都是正常的。所有这些都是你身为人类的证明。当然，你同样可以发现自己的错误，可以为自己提出更高要求，可以在伤害他人后真诚道歉。

做一个更好的人，可以帮助你更好地服务他人。它还能帮助你自信、满足、充满感激地成为自己。你要持续不断地努力，努力让自己变得更好，这将定义你的人性、善良和你的领导风格。最后，正直最终会给你的领导带来自信与谦逊。你是一位优秀的领导者，这对所有人来讲都是一件好事。所以，要善良，然后领导。

鸣　谢

本书得以面世，要感谢我那些非凡的客户们。25年中，我有幸进入一些独特的客户环境，帮助他们解决领导力中的问题。我爱我的客户，他们丰富了我生活和我的职业。没有他们，我对领导一无所知。其中一些客户尤其出色，包括肯·奥尔德里奇，奥尔德里奇电力公司董事会主席；丹和马特·沃尔什，沃尔什建筑公司联席首席执行官；丹·普洛特，普洛特建筑公司首席执行官。能够在这三家公司里与众多领导者、经理们共事，并从中学习，我深表感激。

我感谢那些高风险客户，让我有幸和他们的领导者一起工作。但我特别感谢那些和我一起承担风险的客户。愿意尝试和合作的客户是我最喜欢的一种。史蒂夫·里维是奥尔德里奇电力公司的首席执行官，是本书致谢名单的第一位。我们共同创建了一些伟大的领导力项目。其他与我有过伟大合作的，还包括克里斯·肯尼贝克、麦克·卡利汉、史泰西·麦克尼尔、杰瑞·里斯、克丽丝塔·罗伯茨，以及瑞尼·斯考伯。最后，在过去的十年里，大部分的时间我都与克雷格·阿特金森一起思考影响力，他是沃尔什建筑公司的沟通和战略服务的副总裁。我们举办的领导力研讨会尤其令人满意，感谢你，我的好朋友、好同事。

巨大飞跃咨询公司（Giant Leap Consulting）是一家帮助客户建立勇气的公司，同样，我从公司中那些好同事——贾斯汀·富、萨拉·吉、贝姬·贾雷尔、查尔斯·兰、阿里·穆尔、马特·沃森，及其他独立培训师和顾问的合作中，获得了莫大的勇气。

2003年，在我头发花白前，史蒂夫·派尔桑提——伯雷特-克勒出版社的出版商，拍了我一张照片并出版了我的第一本书：《正确的风险》（*Right Risk*）。任何有幸与史蒂夫共事的人都知道他是一个多么令人印象深刻、多么勇敢的人。他是我在本书最后一章所描述"好领袖"的缩影。我感谢我们的友谊，也感谢那些因他而被吸引到我的领导力宇宙中来的好人。

尼尔·马耶——编辑主任，在他的鼓励下我完成了此书。他不仅是一个思维敏捷的人，而且还是一个超快速的处理器。我们的谈话总是能够保持积极高效。总编辑吉万·西瓦苏布拉马尼亚姆，总是带着新奇的观点和伟大的想法。我认为这本书能够打破传统，全都是因为他的爱、幽默，以及对书籍优化的怀疑论。谢谢你，尼尔和吉万，以及其他的伯雷特－克勒出版社的工作人员，他们都是伟大的专业人士。此外，我还要感谢以下四位伯雷特－凯勒的员工，他们参与了本书的审核过程：尼克·艾伯特、、布里特·布拉沃、安德烈亚·奇尔科特、克里斯·莫里斯。感谢你们善意地踢了我的屁股……

南希·布鲁尔和我在我的上一本书，《领导者敞开大门》（*Leaders Open Doors*）中合作过。她是清晰魔法（Clear Magic）的创始人，没有她的出色编辑和指导技巧，我无法完成本书。谢谢你，南希！

多年来，潮流影响力（Weaving Influence）的宣传团队一直在帮助我传播关于勇气建设和领导力的好话。特别感谢贝琪·罗宾逊和克里斯蒂·科克，感谢你们的领导。那些从我的演讲和研讨会认识我的人，只看到了我的外向性。作为作者的我就非常不同，我就像个修女一样，周围有些骚动就无法下笔。所以在我写字时，我会关上办公室的门，关掉手机，远离这个世界，其中也包括离开我的家庭几个小时。香农、亚历克斯、碧娜和伊恩，我想让你们知道，我爱你们，非常非常爱。

我的生活得到了许多导师和榜样的支持。他们让我成为一个更好的人，成为一名专业人士。我永远感激奇普·贝尔，伊莲·贝驰，肯·布兰佳，海因斯·布伦纳，鲍勃·卡尔，凯文·艾肯伯里，B. J. 加拉赫尔，马歇尔·戈德史密斯，维恩·哈尼什，香侬·乔丹-伊凡丝，詹妮弗·坎威勒，贝弗利·凯，吉姆·库泽斯，文斯·马拉泰斯塔，史蒂夫·米勒，康纳·尼尔，巴里·波斯纳，玛西亚·雷诺兹，帕姆·施密特，O. K. 谢菲尔德，麻仁·修凯尔，杰西·斯托纳，迪克·汤姆森，迈克尔·威尔金森，以及许多对我生活和事业产生积极影响的人。

  最后，我要感谢所有读过我的书，或者参加过我研讨会的人。在你的生活和工作中，我看到并找到了我自己的生活和工作。你们激励我，给予我未来的希望，让我更有勇气。我为你们的故事和奋斗感动和感激。我保证，永远记住你们才是我事业的起源。

关于作者

比尔·特雷热是巨大飞跃咨询公司的首席咨询官,其公司宗旨是帮助客户建立勇气,消除恐慌,创造更好的工作成果。在过去的20多年中,比尔一直致力于帮助领导者们更勇敢、更公正、更高效。比尔是《领导者敞开大门》(*Leaders Open Doors*)的作者(2014),这本书在2014年成为亚马逊网站最畅销的领导培训书籍。值得注意的是,比尔把百分之百的版税都用来资助那些有特殊需要的孩子们。

比尔也是《勇敢去工作》(*Courage Goes to Work*,伯雷特-凯勒出版社,2008)一书的作者,这是一本关于如何建立职场勇气的国际畅销书。比尔也是"你自己的训练计划"项目"勇敢领导:用勇气来改变工作场所"(怀利,2011)的世界唯一创造者。这个项目提升了领导的勇气,并传授给世界各地的成千上万的管理人员。

比尔的第一本书,《正确的风险》(*Right Risks*,伯雷特-

凯勒出版社，2003），书中比尔利用自己曾经的运动员经验，讲述如何聪明地应对风险。比尔曾是高台跳水队队长，他在100英尺高的高度上的表演超过1500次。本书的腰封为史蒂芬·柯维博士和肯·布兰佳博士的推荐语，封面是比尔跳入火海的照片。

比尔曾任《积极的疯狂》（*Positively M. A. D*，伯雷特－凯勒出版社，2005）一书的高级编辑。超过50名著名作家为这本书出力。这本书鼓励读者通过产生好的结果来发泄他们的愤怒。别生气，一定要发疯！

比尔在西弗吉尼亚大学获得了全额运动奖学金，并获得了威斯康星大学的硕士学位。他曾担任阿什维尔领导会的董事会主席，这是一个以社区为基础的领导力项目，由北卡罗来纳大学主导。

最令比尔满意的角色是香农的丈夫，以及碧娜、亚历克斯和伊恩的父亲，他称他们为"三颗跳动的心"。拥有他家人的爱之后，比尔说他生命中的一切都是享受。